너와 함께라면 인생도 여행이다

너와
함께라면
인생도
여행이다

—

나태주 시집

열림원

| 시인의 말 |

살아남은 자의 기적

 가늘고도 긴 길이었습니다. 보잘것없는 자의 푸념이며 하소연이고 고백이었습니다. 들어주신 당신, 선한 귀가 있었기에 가능한 일이었습니다. 고맙고 감사할 따름입니다.

 나에 대한 안쓰러움이 때로는 당신에 대한 안쓰러움으로 바뀝니다. 언제까지일지는 모릅니다. 하지만 같이 가십시다. 손잡지 않아도 좋습니다. 다만 같은 방향으로 가고 있다는 사실 하나만으로도 우리는 충분히 가득하고 편안하고 행복합니다.

그야말로 살아남은 자의 영광이고 보람이고 기쁨입니다. 그 누구보다도 당신에게 고마운 마음을 잊지 않습니다. 50년이라니요! 이것이 기적입니다. 당신을 바라본 나의 기적이고 나와 함께한 당신의 기적입니다.

 오늘을 사랑하고 내일을 믿습니다. 당신도 부디 그러시길 빕니다.

2019년 초겨울
나태주 씁니다

| 차례 |

시인의 말

살아남은 자의 기적 · 4

1부

너와 함께라면 인생도 여행이다 · 15
맑은 하늘 · 18
그리운 사막 · 19
움직이며 시 쓰기 · 21
따스한 손 · 22
너에게 보낸다 · 23
너의 이름 · 25
골목길 1 · 27
강연 출근 · 28
바람 · 29
흐린 날 · 30
추석 1 · 32
추석 2 · 33
분꽃 옆에 · 35
오아시스 · 37
고독 · 39
미리, 탄자니아 · 40
사랑의 방식 · 42

조그만 웃음 · 43
사랑 · 44
살아줘서 고맙습니다 · 45
태풍 소식 · 47
태풍 다음 날 · 49
감사 · 50
침묵 · 51
강변 · 52
맨발 1 · 54
낙엽 · 56
사랑이거든 가거라 · 57
떠나간 여름 · 59
가을 여행 · 60
주유천하 · 61
코스모스 · 63
가을볕 · 64
아이와 작별 · 66
오해 · 67
화해 · 68
모순 · 69
맨발 2 · 70
잘되었다 · 71
어제의 너
 — 할 말이 너무 많아 말을 삼킨다 · 73
기도 시간 · 74
가을 안부 · 75
딸 · 76
너 보고 싶은 날 · 77

아직도 봄 · 79
봄의 사람 · 80
알지요 · 81
카보다로카 · 82
벼랑 위의 여자 · 84
새삼스레 · 86
항구 · 87
당신 앞에 · 89
가난한 소망
 — 원이를 위하여 · 90
시 노래 · 92
가을 햇살 앞에 · 93
왈칵 · 95
좋아요 · 96
공터 · 97
사막행 · 98
낡은손 · 100
시 2 · 101
시인 · 102
가을날 · 103
가을 편지 · 104
가을 여행 1 · 105
가을 축제 · 106
낙엽 · 107
시 3 · 108
가을도 깊어 · 109
가을 명령 · 110
키가 큰 여자 · 111

서점에서 · 113
머리 조아려 · 115
따로국밥 · 117
사랑 · 119
서가의 책들 · 120
가을 어법 · 121
해국 · 123
모래 · 124
또 11월 · 126
약속 · 127
눈 사진 · 128
사진을 찍으며 · 129
창문을 연다 · 131
고마운 일 · 133
인도 · 134
바람이 부오 · 135
노을 · 136
조화 · 137
골목길 2 · 139
여자 · 140
가을은 쓸쓸한 나에게 · 141
그립다 · 142
에스컬레이터 위에서 · 143
지구 소식 · 145
나무 어른 · 147
촉감 · 149
어머니의 축원 · 150
하늘 구경 · 151

2부

좋다 · 155
풀꽃 1 · 156
풀꽃 2 · 157
풀꽃 3 · 158
오늘의 약속 · 159
사랑은 언제나 서툴다 · 161
섬에서 · 163
첫눈 · 164
너를 두고 · 165
혼자서 · 167
사랑에 답함 · 168
눈 위에 쓴다 · 169
행복 · 170
꽃그늘 · 171
추억 · 172
바람 부는 날 · 174
내가 사랑하는 계절 · 175
바람에게 묻는다 · 178
꽃들아 안녕 · 179
그리움 · 180
내가 좋아하는 사람 · 181
멀리서 빈다 · 182
말하고 보면 벌써 · 183
별들이 대신해주고 있었다 · 184

11월 · 185
한 사람 건너 · 186
그래도 · 187
나무 1 · 188
그런 사람으로 · 189
떠나와서 · 190
아끼지 마세요 · 191
이 가을에 · 193
너도 그러냐 · 194
세상에 나와 나는 · 196
나무에게 말을 걸다 · 198
봄 · 199
목련꽃 낙화 · 200
서로가 꽃 · 202
외롭다고 생각할 때일수록 · 203
잠들기 전 기도 · 204
능금나무 아래 · 205
앉은뱅이꽃 · 206
들국화 2 · 207
겨울행 · 209
살아갈 이유 · 210
돌멩이 · 211
가보지 못한 골목길을 · 212
지상에서의 며칠 · 214
꽃 피우는 나무 · 216
시 · 218
묘비명 · 219

3부

인생 · 223
여행 · 225
대숲 아래서 · 226
가을 서한 · 229
사랑에의 권유 · 232
비파나무 · 234
풍경 · 235
귀로 · 236
꽃 · 237
사랑은 비밀 · 238
아버지 1 · 240
대답 · 241
선물 · 242
마지막 기도 · 244
못나서 사랑했다 · 245
등불 · 247
그대 지키는 나의 등불 26 · 250
나뭇결 · 252
사랑하는 마음 내게 있어도 · 254
잠시 · 256
너에게 감사 · 257
여름의 일 · 259
눈부신 세상 · 261
별 1 · 262

동심 · 263
화내지 마세요 · 265
과수원집 옆집 1 · 266
과수원집 옆집 2 · 268
혼자서 빈손으로 · 270
가을 맑은 날 · 272
가을 산길의 명상 · 274
누워서 생각했을 때 · 276
썩은 시인 · 278
사십 · 280
응? · 283
근황 · 284
그리움 · 285
꽃 2 · 286
문득 · 287
외출에서 돌아와 · 288
사랑 · 289
어머니 말씀의 본을 받아 · 290
마음의 주인 · 293
오늘은 우선 이렇게
사랑을 잃었다 하자 · 294
자기를 함부로 주지 말아라 · 296
들길을 걸으며 · 298
어여쁜 짐승 · 300
튼튼한 믿음 · 302
하나의 신비 · 304
눈먼 사람을 위하여 · 305
철부지 오월 · 306

장마철에 개인 날 · 308
다짐 두는 말 · 310
한 소망 · 311
네 앞에서 1 · 312
길 1 · 313
그것은 흔한 일이다 · 314
꽃 3 · 316
껍질 · 317
대화 · 319
식탁 · 320
경배의 시간 · 322
눈사람 · 325
유언시
— 아들에게 딸에게 · 326

작품 해설

너에게 기울어지다 나는 꽃이 되었네

정실비(문학평론가) · 329

1부

너와 함께라면 인생도 여행이다

인생이 무엇인가
한마디로 말하는 사람 없고
인생이 무엇인가
정말로 알고 인생을 사는 사람 없다

어쩌면 인생은 무정의용어 같은 것
무작정 살아보아야 하는 것
옛날 사람들도 그랬고 오늘도 그렇고
앞으로도 오래 그래야 할 것

사람들 인생이 고달프다 지쳤다
힘들다고 입을 모은다
가끔은 화가 나서
내다 버리고 싶다고까지 불평을 한다

그렇지만 말이다

비록 그러한 인생이라도
사랑하는 사람과 함께라면
조금쯤 살아볼 만한 것이 아닐까

인생은 고행이다! 그렇게
말하는 사람들 있다
우리 여기서 '고행'이란 말
'여행'이란 말로 한번 바꾸어보자

인생은 여행이다!
더구나 사랑하는 너와 함께라면
인생은 얼마나 가슴 벅찬 하루하루일 것이며
아기자기 즐겁고 아름다운 발길일 거냐

너도 부디 나와 함께
힘들고 지치고 고달픈 날들

여행이라고 생각해주면 좋겠구나

지구 여행 잘 마치고 지구를 떠나자꾸나.

맑은 하늘

하늘이 너무 맑아
눈물이 나려고 한다

네가 너무 예뻐
눈물이 나려고 한다

아니다

내가 너무 불쌍해서
눈물이 나려고 한다.

그리운 사막

왜 그리운지 모르겠다
왜 나이 들면서 자꾸만 사막이
그리운지 모르겠다
모래와 바람과 햇빛만 사는 곳
본래 내가 모래였고 바람이었고
한 줌의 햇빛이었을까

더러는 낙타가 지나고
외로운 짐승이 살고
징그러운 벌레들이 도사리며 사는 땅
내가 본래 낙타였고
외로운 그 어떤 짐승이었고
징그러운 벌레였을까

어려서는 노을빛 어우러진
파초 나무 그늘 아래

멀리 있다는 파촉, 인도쯤
모르는 그곳이 그리웠는데
나이 들면서는 자꾸만 사막이 그립다
찾아갈 자신도 없으면서
목마른 사막이 목마르게 그립다.

움직이며 시 쓰기

예전엔 방 안에 들어앉아
골똘히 생각하며 시를 썼는데
이제는 움직이며 시 쓰기

자전거 타고 가다가 멈춰서
천천히 길을 걸으며
버스 타고 가거나 기차 타고 가면서

시의 행간에 바람의 숨소리가 끼어들고
구름의 미소가 스며들고
나무의 출렁임이 기웃거린다

시가 훨씬 세상과 가까워졌다고
사람들하고도 친해졌다고.

따스한 손

날씨 많이
추워졌다
네 손을 쥐여다오

머플러가 아니고
양말이 아니고
장갑이 아니다

바람까지
많이 쌀쌀해졌다
따스한 손을 좀 잡자

나에게는 이제
네 손이 머플러이고
양말이고 또 장갑이란다.

너에게 보낸다

하늘이 좋다
구름이 좋다
맑은 하늘
맑은 마음
너에게 보낸다

나 여기 있다
너도 거기 잘 있어라
우리는 가끔씩
안부가 필요하다
소식이 필요하다

하늘이 좋다
바람이 좋다
이 좋은 바람
이 좋은 하늘

너에게 보낸다.

너의 이름

예슬아
예슬아
소리 내어 부를수록
입술이 부드러워져서

예슬아
예슬아
마음속으로 외울수록
가슴이 따뜻해져서

나는 풀잎
나는 이슬
나는 또 두둥실 하늘을
흘러가는 흰 구름 배

너의 이름 부를수록

조금씩 착한 사람이
될 것만 같아서
아름다운 사람이 또
될 것만 같아서.

골목길 1

저기 꽃이 피어 있다
얼른 보러 가야지

저기 아이가 오고 있다
얼른 만나러 가야지

예쁘다
그냥 예쁘다

그것이 또다시
희망이고 사랑이다.

강연 출근

오늘은 햇빛이 맑은 날. 맑은 가을날. 그리고 한글날. 쉬는 날인데도 집에 있지 않고 기차를 타고 강연을 간다.

강연 여행. 날마다 강연 여행. 아니 소풍. 아내가 강연하러 가는 나를 위해 간식까지 마련해주었으니 강연 여행이 아니고 무언가. 강연 소풍이 아니고 무언가.

사람과 사람이 만나려면 적어도 세 가지의 축복이 있어야 한다. 장소의 축복. 시간의 축복. 무엇보다도 살아 있음의 축복, 생명의 축복이 있어야 한다.

어쨌든 좋다. 강연 여행. 강연 소풍. 어딘지 모르고 간다. 누군지 모르고 만난다. 그래도 좋다. 그래도 즐겁다. 날마다 강연 출근. 오늘도 나는 이렇게 살아 있는 사람이어서 고마울 뿐이다.

바람

 나는 몸이 없고 형체도 없어요. 당신 곁에 오래 머물 수도 없고 당신과 함께 살 수도 없어요. 그렇지만 당신을 사랑해요. 그건 당신도 알 거예요.

 나는 손도 없고 발도 없어요. 당신과 정답게 볼을 부빌 수도 없고 당신과 어깨 기대어 마주 설 수도 없어요. 그렇지만 당신을 만질 수는 있어요. 그건 당신도 느낄 거예요.

 나의 몸은 다만 자취. 나의 마음은 다만 흐느낌. 자취와 흐느낌만으로 당신을 그리워해요. 당신을 사랑해요. 그건 앞으로도 오래 그럴 거예요.

흐린 날

1
오늘은 날씨가
흐린 날

날씨가 흐려도
네가 보고 싶어

맑은 날만 보고 싶다
그랬었는데

2
너무
멀다

너무
흐리다

목소리라도 좀
들어보자.

추석 1

다들 어디로 갔나?
길거리도 비었고
오가는 사람도 없고
마음만 쓸쓸해

코스모스꽃 두어 송이
개울가에 피어서
저희끼리만 웃는다.

추석 2

멀리서 힘들게
돌아왔구나
오는 길 애썼겠구나

거기 앉아라
얼굴 좀 보자
얼굴 보니 그래도
좋구나
웃는 낯이 그래도
반갑구나

가슴속 이야기들
어찌 다 풀어놓을 수
있을까 보냐
그냥 잠시 웃자

그러고는 우리 다시
먼 길 떠날 준비를 하자
마음속에 먼 길 하나씩
만들어 나누어 가지자꾸나.

분꽃 옆에

저녁때 저녁때
꽃송이 벌어지는
분꽃나무 옆에 서면
싸아한 분꽃 내음

내가 여기 있어요
오늘도 하루해
잘 저물었군요
소식 없이 잘 살아줘서
고마워요

너의 목소리
들리지 않는
너의 숨소리
분꽃 향내인가
너의 머리칼 내음인가

눈을 감으면
더욱 은은하고
생각을 모으면 더욱 멀리
향기가 간다.

오아시스

 오직 죽음. 오직 분열. 오직 목마름뿐인 이 땅에 너 하나만 오직 샘물을 가진 어여쁜 여인. 맑고 깨끗한 숨결을 가진 낭자여. 너의 숨결을 나에게도 나누어주렴. 너의 샘물을 나에게도 허락해주렴. 나를 좀 살려다오.

 목이 마르다. 목이 탄다. 자꾸만 몸이 작아진다. 바람이 분다. 모래바람. 바람이 너무 세차다. 흔들리다 못해 모로 몸을 눕힌다. 나를 붙잡아다오. 아니 나를 안아다오. 나는 지금 무릎 꿇은 늙은 낙타.

 안아보자. 너를 안아보자. 너는 물오른 봄날의 들판. 개울가의 버들개지 낭창낭창. 너를 안으면 나도 파르르 떨며 물이 오르는 백양나무, 백양나무. 모래바람 하늘에 키를 세우며 만세 부르는 초록의 나무가 되기도 한다.

 너에게 입술을 댄다. 나의 몸이 금세 살아나면서 나도

조그만 샘물이 된다. 너에게 몸을 기댄다. 사탑. 무너지는 모래의 탑이 다시금 굳건해진다. 어디선가 향기가 온다. 향기 속에 너의 숨소리가 있다. 몸과 마음을 바람에 날린다. 허공에 던진다.

 이제는 목이 마르지 않다. 몸을 버리고 마음의 끈을 놓아도 좋겠다. 나는 그냥 바람이어서 좋겠고 허공이어서 좋겠고 한 줌의 모래이어서 더욱 좋겠다. 넘어진다. 넘어진다. 넘어지고 만다. 꽈당!

 그렇지만 너는 여전히 너는 곁에서 꿈을 꾸는 아이. 곱게 치장한 채 잠이 깊은 처녀. 너와 함께 꿈속의 여행을 떠나곤 한다. 어떨까? 그곳이 아프리카 탄자니아 어디쯤, 나미비아 나미브 사막 어디쯤이면 어떨까? 나는 그곳에서 너와 함께 얼룩말 두 마리로 다시 태어났으면 한다.

고독

지평선 위에
모래 지평선 위에

점
하나

사람인가?
낙타인가?

혹은
나인가?

미리, 탄자니아

사람들이 얼룩말처럼
뒹굴며 산다
얼룩말처럼 어울려 산다

그러나 뒹굴며 살
풀밭이 없어서 걱정이고
사람은 얼룩말이 아니라서
걱정이다

사람들이 물이 없는 땅에서도
울창하게 자라는
나무처럼 산다
꿋꿋이 견디며 산다

그러나 사람은 나무들처럼
목마름을 참을 수 없어 걱정이고

사람은 끝까지 나무가 아니라서
걱정이다

생각만 해도 목이 마르다
너무 멀고 아득하다.

사랑의 방식

나는 이제 너하고
영원한 사랑을
약속할 수는 없다
이 세상 끝까지라고
말하진 못한다

다만 오늘까지
너를 생각하고
지금 이 순간만은
온전하고도 슬프게
너를 사랑할 수 있다고
자신 있게 말한다

이것이 오늘 나의
최선이다
나의 사랑의 방식이다.

조그만 웃음

너무 예쁘게 웃지 마라
그렇게 예쁘게 웃으면
네가 꽃이 된다

너무 예쁘게 손짓하지 마라
그렇게 예쁘게 손짓하면
네가 새가 된다

나는 네가 아주
꽃이 되는 것보다
새가 되어
날아가버리는 것보다

이대로 내 앞에
있는 것이 좋다
더 오래 더 예쁘게 조그맣게.

사랑

하나님은 어떻게 알고
너를 내게 보내주셨을까?

작은 바람에도
두렵게 떨리는 악기

천만리 흘러넘친 비단의
노을 강물

그냥 가슴에 안아본다
거부할 수 없는 세상, 너.

살아줘서 고맙습니다

죽을병 걸려 반년

병원에서 엎드려 있다가

구사일생으로 풀려나온 날

사람들은 나를 만날 때마다

살아줘서 고맙습니다

인사를 했다

왜 내가, 살려줘서 고맙습니다

그렇게 인사해야지 저쪽에서 거꾸로

살아줘서 고맙습니다

인사하는 걸까?

그때는 그것이 궁금했었다

지나면서 생각해보니

그렇게 생각할 수도

있는 일이구나 싶었다

같이 밥 먹어줘서 고맙습니다
사랑해줘서 고맙습니다
당신이 세상에 있어줘서 고맙습니다
내 옆에 있어줘서 고맙습니다

이 얼마나 좋은 세상인가
이 얼마나 아름다운 세상인가
이 얼마나 눈물겨운 세상인가
이런 세상
깨우쳐주셔서 감사합니다.

태풍 소식

멀리멀리 바다에서
태풍이 온다는 소식
끔찍하고도 무섭지만

태풍 속에 묻어오는
너의 숨소리
머언 바다 거친 바다
함께 너의 숨소리

두렵고도 반가워
내가 오늘도 살아서
숨 쉬는 사람인 것 고맙고
너를 사랑하는 것 고마워

비바람 속에서도 꼿꼿이
고개 들고 서 있는

백일홍꽃 붉은 꽃

눈여겨보고 또다시 본단다.

태풍 다음 날

목소리 좀 듣자
목소리 좀 들려다오
잘 있다고
잘 있었다고

태풍 지나간
다음 날
하늘 맑고 푸르고
구름 더욱 높고 희다.

감사

오늘도 물과 밥 먹을 수 있음에
감사

오늘도 무슨 일인가 할 수 있음에
감사

오늘도 누군가 만날 수 있음에
감사

더불어 어딘가 갈 수 있음에
감사

무엇보다 숨 쉬는 사람임에
감사.

침묵

힘든 때는
아무 일도 할 일이 없을 때

힘든 때는
아무 곳도 갈 곳이 없을 때

다시 힘든 때는
아무도 만날 사람이 없을 때

정말로 힘든 때는 너에게조차
아무 말도 할 말이 없을 때.

강변

모처럼 바람이 좋구나
우리 손잡고 멀리 가자
잡은 손 놓지 말고
멀리까지 가보자

사람들이 보고 있어요
그러면 등 뒤로 잡은 손
숨기고 가야지
그래도 바람이 보고 있어요

손을 잡고서도 그리운 마음
얼굴 보고서도 보고픈 마음
강물에게나 실어 보내자
바람에게나 날려 보내자

오늘따라 바람 좋은 날

강물도 좋은 날

못 만나는 사이 네가 많이

예뻐졌구나.

맨발 1

해마다 여름 오면
손톱 발톱에 봉숭아 물들이고
다니는 아이
봉숭아 물 곱게 물든
열 개 예쁜 발가락
자랑이라도 하려는 듯
언제나 샌들 차림으로 다니는 아이
샌들을 벗으면 발등에 난
샌들의 굵은 끈 자국
새하얗게 보기 좋았는데
이제는 여름도 가고
맨발에 양말 신고
운동화 신고 다니니
그 예쁜 맨발을 다시 보려면
적어도 일 년은 더 살아야겠네
일 년은 더 살며

다시 여름 오기를 기다려야겠네
이것이 또 나에겐
다시 일 년을 견디는 힘이다
일 년을 사는 소망이다.

낙엽

대전역 앞 광장
시계탑 둘레
보도블록 위에 낙엽
한 장 떨어져 있다
아니 저쪽에 또
두 장 떨어져 있다
둘레에 소주병
쓰러진 막걸리병들
한낮인데도 일어날 줄 모르고
모로 드러누워 잠이 깊은 홈리스
남자 둘에 여자 하나
가을비 그치고 환한
햇빛이 내려와
이불 되어 덮어주고 있다
밤에는 또 별빛과 달빛이 내려와
이불 되어 덮어주겠지.

사랑이거든 가거라

사랑이거든 가거라
그가 예쁜 사람이든
예쁘지 않은 사람이든
사랑을 따라서 가거라

사랑이거든 가거라
그가 잘난 사람이든
잘나지 않은 사람이든
사랑과 함께 가거라

진정으로 사랑이거든 가거라
그가 건강한 사람이든
그렇지 않은 사람이든
사랑과 멀리 가거라

가서 둘이서

꽃을 만나라
꽃을 피우고 차라리
둘이서 꽃이 되거라

비록 그것이 잠시
아주 짧은 날이란들 어떠랴
사랑으로 후회 없고
사랑으로 잦아진다면

너희 둘이서
산이 된들 어쩔 것이며
바다가 되어 노을 속으로
저물어 버린단들
어쩔 것이냐.

떠나간 여름

올해도 그냥
빈손 들고 왔다 간 줄 알았는데
여름이 큰일을 하고 떠났다

제민천, 마을의 개울에
버들치, 물고기 가족을
많이 불려놓고 떠났지 뭔가

큰 놈은 큰 놈들대로 헤엄쳐 다니고
작은 녀석들은 작은 녀석들대로
떼를 지어 몰려다니는 모습이
얼마나 보기 좋은지 몰라!

암 그래야지, 그래야지
하늘도 둥근 얼굴로 내려다보고
흰 구름도 웃는 얼굴로 보고 있었다.

가을 여행

멀리멀리 갔지 뭐냐
그곳에서 꽃을
여러 송이나 만났지 뭐냐
맑은 샘물도 보았지 뭐냐

그렇다면 말이다
혼자서 먼 길 외롭게
힘들게 찾아간 것도 그다지
나쁜 일은 아니지 않으냐.

주유천하

저기 꽃이 있구나
예쁜 꽃이 있구나
그렇게 바라보면서
나도 꽃이 되고
예쁜 사람이
되기만 하면 된다

저기 여자가 있구나
저기 우람한 산 하나
산을 감도는 강물이 있구나
드넓고 기름진 들판
그 위에 구름도 떴구나
그렇게 생각하기만 하면 된다

그것들을 굳이
내 품 안으로

끌어들일 일은 없다
더구나 그것들을 훔치듯
가방에 쑤셔 넣어
내 집으로까지
데리고 올 까닭은 없다

그러는 순간
그 모든 것들은
이미 죽은 목숨이 되고
심지어는
쓰레기가 되기도
할 것이 뻔하기 때문이다.

코스모스

울먹울먹
집 나간 엄마
찾아 나선 아이

발길이
만들어내는
가느른 길

문득 막아서는
검정 포장집
서커스단

높은 하늘
트럼펫 소리
은빛 비행운.

가을볕

마알간 찬물에
눈을 씻고 다시 보자

수풀 사이 못 보던 꽃들이
피어났구나

나무들이 더욱 깊어지고
겸손해졌구나

내 앞에서 웃고 있는 너
더욱 붉어지고 예뻐진 입술

나 오늘도 너를
다시금 보았으므로

세상이 더욱 예뻐졌다고

말할 수 있겠네.

아이와 작별

그래 오늘 나도
네가 예뻐서 좋았다
그래 나도
네가 좋아해서 더 좋았다

그런데 말이다
밥 잘 먹고 잠 잘 자고
더 건강 씩씩해야만 된다
알았지? 정말 알았지?

오해

가까이 있어도
천만리 떨어진 듯

그러나 한 번
손잡고 기도하고
웃고 헤어진 뒤

천만리 헤어져 살아도
가까이 숨소리 들리는 듯

이제는 밤에 잠도 잘 잔단다
너도 안심해라.

화해

싸우는 게 능사냐?
그렇다면 화해하는 게 능사냐?
부부싸움 한 뒤
옛날, 오래전에.

모순

하나의 이름으로
한순간을 만났다

가장 따스하고 편안하게
죽어가는 기쁨

가장 눈부시게 가슴 벅차게
소생하는 기쁨

대지를 품은 듯
강물을 안은 듯

둘이서 몸부림치다가
몸부림치다가.

맨발 2

너의 발을 만져주고 싶다

어찌 꽃밭 길만 걸어왔겠느냐
어찌 순한 파도 머리만 밟고 왔겠느냐

때로는 진흙밭 길 자갈밭 길을 걸어오고
성난 파도 머리를 달래며 왔겠지

그래도 여전히 순하고 부드럽고
향기로운 발, 너의 맨발

너의 맨발을 쓰다듬어주고 싶다.

잘되었다

그가 그 길에서
망하기를 바라면서
잘되었다
말하는 사람

그가 정말 그 길에서
잘 되기를 바라면서
잘되었다
말하는 사람

그가 그 길에서
자기의 일을 해주기를
바라면서 잘되었다
말하는 사람

정말로

어떤 잘되었다가
잘된 잘되었다인가?

어제의 너 – 할 말이 너무 많아 말을 삼킨다

얼마나 네가 예뻤는지
얼마나 네가 사랑스러웠는지
너는 차마 몰랐을 거다

하늘이 내려다보았겠지
나무들이 훔쳐보고
바람도 곁눈질로 보았겠지

너는 그냥 그대로 가을꽃
맑은 바람에 피어 있는
가을꽃 한 송이였단다.

기도 시간

노래의 강물 위에 너의 마음을 띄워라
노래의 강물 위에 너의 마음을 띄워라
무엇을 걱정하며 무엇을 슬퍼하며
무엇을 주저하느냐
기쁨의 강물 위에 너의 마음을 맡겨라
소망의 강물 위에 너의 마음을 맡겨라.

가을 안부

골목길이 점점 환해지고
넓게 보인다
도시의 건물과 건물 사이가
점점 성글어진다

바람 탓일까
햇빛 탓일까
아니면 사람 탓일까

그래도 섭섭해하지 말자
우리는 오래된 벗
너 거기서 잘 있거라
나도 여기 잘 있단다.

딸

송파 산대놀이의 명인
한유성 선생 따님
한창옥 시인 보면서
알았다
아, 나는 딸이 하나 있어
얼마나 다행인가
아버지 이름 불러
문학상 만들어
상을 주는 저런 딸
얼마나 자랑스러운 딸인가
딸 없는 아버지들
많이 부럽고 구슬프겠다.

너 보고 싶은 날

잘 있겠지
잘 있을 거야
문득문득
네가 보고 싶어

버릇처럼
하늘 보고
구름 보고 또
마음을 들여다본다

거기
우물이라도 한 채
있을까?
청동빛 오래된 우물

구름이라도

흐를까?
바람이라도
스칠까?

너의 얼굴이라도
조금
보였음 좋겠다.

아직도 봄

강연을 마치고
책에 사인할 때 사뿐
대학 새내기 여학생이
옆자리에 와 앉으며 물었다

작가님의 봄은
어땠나요?

글쎄다 지금 네가
내 옆에 와 앉아 있으니
아직도 나의 봄은
진행형이 아닐까!

대학 1학년생은 잠시
알 듯 모를 듯한
표정을 지었다.

봄의 사람

내 인생의 봄은 갔어도
네가 있으니
나는 여전히 봄의 사람

너를 생각하면
가슴속에 새싹이 돋아나
연초록빛 야들야들한 새싹

너를 떠올리면
마음속에 꽃이 피어나
분홍빛 몽골몽골한 꽃송이

네가 사는 세상이 좋아
너를 생각하는 내가 좋아
내가 숨 쉬는 네가 좋아.

알지요

말하지 않아도 알지요
사랑한다고
사랑한다고

눈빛만 보아도 알지요
사랑했다고
사랑했다고

표정만 보아도 알지요
사랑할 것이라고
사랑할 것이라고.

카보다로카

거기서 나는
금방 눈뜬
애기 햇빛이었다
바다에서 새로 태어난
어린 바람이었다

아니다
바닷바람에 몸을 눕힌
못난이
아열대 식물의
초록빛이었다

포르투갈
땅끝마을
카보다로카

나는 지금도 가끔
그곳에 간다
비행기 타지 않고
어지럼증도 없이
그곳에 간다

더구나 흐린 날
마음이 구겨진 날이면
더욱 재촉하여
그곳에 간다.

벼랑 위의 여자

어쩐다냐!
저 여자

벼랑 위에 앉아서
넋을 놓은 저 여자

더군다나 목에
붉은색 스카프 걸치고

바람에 날아갈 듯
날개 달고 날아갈 듯

제가 무슨 꽃이라도
되는 듯이

제가 무슨 새라도

되는 듯이

그래도 괜찮아
지구로 놀러 온

한 떨기 별 아기네
위태로워도 좋아.

새삼스레

자전거 핸들을 잡은 손이
문득 시리운 아침

큰길까지 가방 들고
배웅 나온 아내

아내 얼굴에 내려앉은
주름살 많은 가을 햇살

세상이 다 환하다
인생까지 환하다.

항구

항구는 꽃을 잉태한다
우리가 젊어서
그토록 목말라
떠나고 싶던 그리움

항구는 꽃을 흩뿌린다
우리가 그렇게도
젊어서 간절히 머리 조아려
돌아오고 싶었던 사랑

항구는 꽃을 만발한다
나의 발바닥이 닿았던 항구
인천이여 군산이여 목포여
마침내 부산이여

항구는 꽃을 증식한다

끝끝내 내가 가보지 못한
청진이여 나진이여
압록강 하구 신의주여

나 비록 지구 떠난 후에라도
너희들 오래오래
꽃을 피워 휘날리거라
깃발 되어 나부끼거라.

당신 앞에

지금도 나는 당신 앞에서
어린아이입니다
지금도 나는 당신 앞에서
시를 가슴에 품은 소년입니다
지금도 나는 당신 앞에서
맑은 물 찬물에 옷 벗은 몸이 부끄러워
빠르게 숨는 물고기
물고기의 날쌘 지느러미입니다
지금도 당신은
아슴프레 높은 언덕배기
새하얗게 손을 흔드는
억새꽃 덤불 아 어머니 어머니
가을 어머니.

가난한 소망 – 원이를 위하여

오늘도
힘들게 힘들게 하루가 갔다
지구를 두 팔로 안아 들어 올리듯
힘들게 힘들게 하루를 보냈다

그건 아마 너도 그랬을 터
뱃멀미 거센 파도와 바람 무릅쓰고
먼바다 흔들리는 먼바다 나가
얼마나 많은 고기를 잡아 왔을까

그렇지만 아이야
잡은 고기가 비록 많지 않고
이룬 일 비록 많지 않아도
하루를 마음 졸여 무사히
잘 보낸 것만 우선 고마워하자

지금은 또다시 저녁
어둠이 우리의 피곤한 몸과 마음
감싸 안아 쉬게 한다
쉬어라 쉬어라 타일러준다

밤이 가면 다시금
해가 뜨고 새 아침
다시 잠에서 깨어 배를 타고
세상 깊숙이 떠나야지
그것이 오늘은 옹색한 대로
우리의 소망이고 꿈이다.

시 노래

나 자다가 깨어
노래 들으며 울고 있어요

노래가 어쩜 이리도
맑고 좋아요?

아이 목소리로 다시 태어난
나의 어린 날

어쩜 노래가 이리도 맑고
깨끗한지요?

가을 햇살 앞에

고개를 숙여라
더욱 고개를 숙여라
손아귀에 쥐고 있는 것 있다면
그것부터 놓아라

스스로 편안해져라
너 자신을 쉬게 하고
위로하고 기꺼이 용서하라

지난여름은
또다시 싸움판
힘든 날들이었다

이제 방 안 깊숙이
밀고 들어오는 햇살
우리 마음도 따라서

고요해질 때

가을은, 가을 햇살은
우리에게 겸손을 가르치고
부드러움을 요구한다.

왈칵

태풍속에
파랑치마
반가워서
나도몰래
엎질러진
바다물빛

어찌하면
좋겠느냐
맑은하늘
하얀구름
나혼자서
꿈꾼단다.

좋아요

좋아요
나도 좋아요

좋아요
꽃펴요

나도
꽃펴요.

공터

낙엽이 진다
저 높은 가지에서 낙엽이 내려온다
천천히 내려오면서 말을 한다

당신의 숨소리를 잊지 않겠어요
당신의 웃는 얼굴을 잊지 않겠어요
어느 날이던가 당신이 무슨 말인가를 하려다 말고
돌아서 가던 뒷모습
쓸쓸한 어깨를 잊지 않겠어요

아니에요
나를 잊지 말아주세요
내 이름을 잊지 말아주세요
나도 당신 이름 잊지 않을 거예요.

사막행

쓰러지기 위해서 간다
팍팍한 다리로 가다가 가다가
무릎 꿇고 모래밭에 자갈밭에
기도하기 위해서 간다

후회하기 위해서 간다
울면서 울면서 후회하다가
지쳐서 쓰러져 별을 보며
잠들기 위해서 간다

잘못 살았구나
다만 진정 잘못 살았구나
일생이 다만 헛된 지푸라기 하나
어찌할꼬 어찌할꼬

버릴 곳 없는 몸과 마음

내다 버리기 위해서 간다
어머니 어머니 나 좀 다시
받아주세요 거두어주세요.

낡은손

가을볕비쳐보니
손이많이늙었다
오래견딘증거다

가을볕비쳐보니
손이많이거칠다
올해잘산표시다

이대로좋다내손
초라한대로그냥
낡은내손이좋다.

시 2

세상에 보내는
러브레터

처음엔
한 사람을 위해 썼지만

이제는
많은 사람을 위해서 쓰는.

시인

세상 사람들
힘들고 고달픈 마음
쓰다듬어주는
감정의 서비스 맨.

가을날

하늘 강물을 건너가는
흰 구름이 발길 멈춰 서서
내게 조용히 물었다

아직도 한 사람이 그렇게도 좋아
연애편지 쓰는 마음으로
시를 쓰면서 견디고 있느냐고

그런 것 같다고 대답해줬더니
사실은 자기도 그런 형편이라고
고개를 끄덕여주었다.

가을 편지

사랑한다는말을
끝까지아끼면서
사랑한다는말을
하기는어려웠다.

가을 여행 1

존다
졸면서 간다

졸면서
기차 타고 간다

아니다 눈 감고
기도하면서 간다

어딘가 낯선 땅
너를 만나러 간다.

가을 축제

좋았어요
아주 좋았어요

짧은 가을날
짧은 가을날 사랑

그렇지만 향기는
오래 남았어요

고추잠자리 한 마리
울면서 날아갑니다.

낙엽

나누어주고 싶어요
하나하나씩

내려놓고 싶어요
하나하나씩

내가 좋아한 사람
그도 나를 좋아한 사람

그에게 조금씩
돌려드리고 싶어요.

시 3

1초 전에도
생각하지 않았던
말을 하고

1초 전에도
쓰려고 하지 않았던
문장을 쓰는 것

문득 내 마음에
연꽃의 꽃대가
올라왔을 뿐이다.

가을도 깊어

어느새 이렇게 되었나!
마당에 나와 햇볕을 쬐는 것이
싫지 않은 때

꽃밭 귀퉁이에 앉아본다
키 큰 나무 옆에도 서본다

꽃밭은 가을도 깊어
무너지는 꽃밭이다
나무들도 가을이 깊어
이파리 떨구며 초라한 나무들이다

멀리 있는 네가 더 가깝고
좋다는 생각을 해본다
그러한 내가 조금도
싫지가 않다.

가을 명령

가을 햇빛은 우리에게
명령한다
화해하라
내려놓으라
무엇보다도 먼저
겸허해지라

가을바람은 또 우리에게
명령한다
용서하라
부드러워지라
손잡고 그리고
멀리 떠나라.

키가 큰 여자

나는 키가 작은 남자

키가 큰 여자가
많이 좋았던 시절이
있었다

키가 큰 여자
가슴에 안으면
푸른 나무를 안은 것 같은
느낌이 들 것 같고

키가 큰 여자 등에
몸을 기대고 귀를 기울이면
구름의 속삭임이라도
들릴 것 같아서

나는 나는 키가 작은 남자

젊어서 한때 나는
키가 큰 여자가 무척이나
좋았던 시절이 있었다.

서점에서

서점에 들어가면
나무숲에 들어간 것같이
마음이 편안해진다

어딘가 새소리가 들리고
개울 물소리가 다가오고
흰 구름의 그림자가
어른거리는 것 같다

아닌 게 아니라
서점의 책들은 모두가
숲에서 온 친구들이다

서가 사이를 서성이는 것은
나무와 나무 사이를 서성이는 것
책을 넘기는 것은

나무의 속살을 잠시 들여다보는 것

오늘도 나는
숲속 길을 멀리 걸었고
나무들과 어울려 잘 놀았다.

머리 조아려

이 세상은 결코
천국이 아니고
사람들은 천사가 아니다

그래도 내가 간절히
천국을 원하고
천국을 살고 싶어 하면
이 세상이 잠시
천국으로 바뀌는 게 아닐까

또 내가 간절히
천사이기를 바라고 꿈꾸면
내가 잠시
천사가 되기도 하는 게 아닐까

이것이 오늘도 내가

너의 생각 가슴에 품고
멀리 여행을 떠나고 또
돌아오기도 하는 까닭이다.

따로국밥

따로국밥은 서민적인 음식
뚝배기 하나에 국물을 넣고 밥을 말아주던
시장 국밥에서 조금쯤 여유를 부린 음식
밥 한 그릇 따로 국 한 그릇 따로여서 따로국밥

그렇지만 나에게는 서러운 음식
신혼 시절 외지에 나가 선생 할 때
따로국밥 두 그릇 값이 없어
국밥 냄새를 피하여 저녁 산책길
멀리멀리 국밥집을 피해서 걷던 발길

젊은 아내와 젊은 나의
비척이던 발길이 들어 있는 음식
밥집 멀리 놀아서 가던
서러운 저녁 그림자가 어른거리는 음식

오늘도 나는 그리운 마음으로
해거름 녘 어슬어슬 저녁 그림자 앞세워
따로국밥 한 그릇 혼자서 청해서 먹고
집으로 돌아가는 길이다.

사랑

오늘 나는 많이
네 목소리가
듣고 싶었다

들릴 듯
들리지 않을 듯

지구 혼자
돌아가는 소리가
문득 궁금해졌다.

서가의 책들

저것들은 본래 내
호주머니 속의 용돈이었다

우리 아이들 과잣값이 되어야 하고
아내의 화장품값이 되어야 하고
음식값이 돼야 했을 돈들이
어찌어찌 바뀌어 저기에 와
앉아 있는 것이다

그렇다면 나한테 무슨 일이 일어났는가?
다만 아무런 일도 일어나지 않았고
우리는 이렇게 서로 모르는 사람처럼
멍하니 마주 보고 있을 따름인 것이다.

가을 어법

가을은 우리에게
경어를 권장한다

수고 많으셨습니다
잘 견디셨습니다
먼 길 오느라 힘드셨겠어요
짐까지 무겁게 들고 오셨군요

가을은 우리에게
안쓰러운 마음을 허락한다

그래, 그래, 애썼구나
잘 참아줘서 고마웠단다
이제 좀 쉬어라
쉬어야 다시 또 떠날 수 있지

가을의 햇빛과 바람은
우리에게 용서를 가르치고
화해를 요구한다
낙엽들도 그렇게 한다.

해국

봄여름 내내
벌 받는 아이처럼
풀숲에 숨죽여 있다가
가을도 깊어
늦은 가을 되어서야
내가 여기 있었어요
새촘한 얼굴
보랏빛 갸름한 얼굴을 들고
알은 체 하는
가을 아이
반갑구나 고맙구나
올해도 너를 만나서.

모래

일으켜 세우려고 애쓰지 마라
본래가 먼지요 바람이었다
네가 그러했고 네가
심히 사랑했던 자가 그러했다

일으켜 세워보았자 인간의 집이고
다리이고 고작해야 돌탑
언젠가는 그것도 무너진다

무너져 먼지가 되고 바람이 되고
그래도 남는 것이 있었다면
그것은 모래
너 자신이요
네가 사랑했던 자의 진신사리

통곡하지 마라

통곡하지 말고 모래 한 줌
쥐어다가 가슴에 안아보라
철철철 넘치도록 안아보아라.

또 11월

돌아앉아 혼자
소리 없이 고즈넉이
어깨 들썩이지 않고
흐느껴 울고 싶은 나날

아무한테도 들키지 않고
하나님한테까지
들키지 않고 그냥
흐느껴 울고만 싶은 나날

다만 세상 한 귀퉁이
내가 좋아하는 한 사람
아직도 숨을 쉬며 살아 있음만
고맙게 여기며
아침과 저녁을 맞이하고 싶다.

약속

내일
그 애를 다시 만나기로 했다

얼른 보고 싶어
조바심

오늘이 내일이었음
좋겠다.

눈 사진

예쁘게 눈썹 내리감고
잠든 모습

카메라로는 도저히 안 되어
눈으로 사진 찍는다

마음에 돌판이라도 있다면
거기에 네 모습 비칠까?

울면서 울면서 네 모습
가슴에 영혼에 아프게 새긴다.

사진을 찍으며

너하고 사진 찍을 때마다
나는 마음이 기쁜 게 아니라
슬퍼

아마도 헤어질 시간을 앞두고
바쁘게 서둘러 찍는 사진이라
그럴 거야

살아가는 일이 하루하루
인생이 그대로
헤어짐이고 슬픔이고 또
오래인 기다림이라
그럴 거야

부디 우리가 오늘
헤어짐도 슬픔도

기다림까지도
행복이라 여기며 살자
생명의 축복이라 여기며 살자

내일을 믿는다
오늘을 믿고 또
너를 믿는다
살펴주실 누군가
크신 분의 손길을 믿는다.

창문을 연다

나는 지금 창문을 연다
창문을 열고
어두운 밤하늘의 별들을 본다

밤하늘에 빛나는 별들
그 가운데에서 제일로
예쁜 별 하나를 골라 나는
너의 별이라고 생각해본다

별과 함께 네가
내 마음속으로 들어온다
내 마음도 조금씩
밝아지기 시작한다

나는 이제 혼자라도
혼자가 아니다

우리는 멀리 헤어져 있어도
헤어져 있는 게 아니다

밤하늘 빛나는 별과 함께
너는 빛나는 별이다
너의 별을 따라 나도 또한
빛나는 별이다.

고마운 일

시를 주는 아이가 있었다

언제나 그런 건 아니지만
살아가다가 가끔은
시를 주는 아이를 만나곤 했다

지금은 네가 나에게
시를 주고 있는 아이
다만 나는 네가 주는 시를
공손히 받기만 하면 된다

고마운 일이다.

인도

너무 많은 땅
너무 많은 하늘
너무 많은 사람
너무 많은 먼지
너무 많은 가난
너무 많은 광대무변
너무 많은 누추
너무 많은 노을
너무 많은 신성
너무 많은 바람
너무 많은 아득함

그러나 나는 인도에
한 번도 가보지 못했다.

바람이 부오

바람이 부오

이제 나뭇잎은
아무렇게나 떨어져
땅에 뒹구오

나뭇잎을 밟으면
바스락 소리가 나오

그대 내 마음을 밟아도
바스락 소리가 날는지…….

노을

방 안 가득
노래로 채우고
세상 가득
향기로 채우고
내가 찾아갔을 때는
이미 떠나버린 사람아
그 이름조차 거두어간 사람아
서쪽 하늘가에
핏빛으로 뒷모습만
은은히 보여줄 줄이야.

조화

산이 있기에
강이 있고

산이 푸르기에
강도 푸르고

산이 깊기에
강도 저러이 깊소

산에 뛰노는 산짐승
강에 뛰노는 물고기

그대 있기에
나도 있고

그대 숨 쉬기에

나도 오늘 숨을 쉬오

그대 가슴엔
나의 산짐승

나의 가슴엔
그대 물고기.

골목길 2

해가 많이 짧아졌소
문득 떨어지는 나뭇잎 하나가
나를 놀라게 하오
혼자 나는 비둘기 한 마리가
나의 발길을 멈추게 하오
바라보니
빈 하늘.

여자

아무리 고운 여자라도
사랑해주지 않으면
천박한 여자가 되고 맙니다

이것은 그대가
그대를 두고 하는 말입니다.

가을은 쓸쓸한 나에게

가을은 쓸쓸한 나에게
더욱 쓸쓸해하라고

혼자 걸어가는 여자의
바바리코트를 보여주고

길가에 떨어져 빗방울에 밟히는
은행잎을 보여주고

길게 길게 저물어 사라지는
언덕의 노을을 보여줍니다

가을은 쓸쓸한 나에게
더욱 쓸쓸해하라고.

그립다

쓸쓸한 사람 가을에
더욱 쓸쓸하다

맑은 눈빛 가을에
더욱 그윽하다

그대 안경알 너머
가을꽃 진 자리
무더기 무더기

문득 따뜻하고
부드러운 손길
그립다.

에스컬레이터 위에서

아스팔트 길 위를
시멘트 벽돌길 위를
잠방잠방 가볍게 걸어가는
저 발을 보아라

저 발이 바로
춤추는 발 아니냐
인당수 거센 물결 잠재우던
심청이의 버선발 아니냐

세상의 온갖 근심이며
어려움 쓰다듬어
조용하라 타이르는 연꽃 발
향기로운 맨발

오늘은 에스컬레이터

팔랑팔랑 나비 날개 달고
걸어가는 너의 발을
뒤따라가면서 본다.

지구 소식

형편이 그렇게 좋지 않다
지구는 몇십 년 이내로 지구온난화로
북극의 얼음이 모두 녹는다 하고
우리나라는 몇백 년 안에 엄마들이
애기들을 많이 낳지 않아
지구에서 이름이 사라지는 나라가
될지도 모른다 하고
나는 또 나이가 많아 지구 위에
남아 있을 시간이 많지 않은 사람이지만
그래도 나는 크게 비관하거나 걱정하지 않는다

무엇보다 오늘 하루 살아 있음이 기적이고
내가 또 너를 다시 만나고
너를 사랑함이 더욱 기적 같은 일임을
알기 때문이다
지구가 숨을 쉬는 한 나도 숨을 쉬고

내가 당분간 건강하게 살아 있는 한
나의 지구도 당분간은 건강하게
살아남을 것을 의심하지 않기 때문이다

나는 오늘 새삼스레 지구에게
인사를 청한다
지구님 안녕!
나도 지금은 잠시 안녕하답니다.

나무 어른

오래 두고 잊히지 않는다
양평의 용문사 나무 어른

천년 나이라는데
여전히 푸르고 싱싱하여
열매 맺는 나무

만나는 순간
입이 떡 벌어지고
가슴이 확 열렸다

하늘 향해 두 팔
힘껏 치켜들고
만세 부르는 자세
통성기도라도 드리고 있는 걸까

생각할수록
나도 한 그루
나무를 닮아가고 있었다
나무 어른이 되고 싶었다.

촉감

발뒤꿈치 꺼끌거리니
올해도 가을 지나
겨울이 왔나 보다.

어머니의 축원

늙지 말고 가거라
어디든 가거라

고운 얼굴 눈부신 모습 치렁한 머리칼 그대로 바람에 날리며 햇빛에 반짝이며 강물 위를 걸어서 가거라 푸른 들판을 밟으며 가거라 모래밭 서걱이며 사막을 건너라 그래서 네가 되거라 네가 되고 싶은 오로지 네가 되거라 굳이 이곳으로 돌아오려고 애쓰지는 말거라 그곳에서 씨를 뿌리며 너도 나무가 되거라 강물이 되거라 들판이 되거라

늙지 말고 가거라
청춘인 그대로 가거라.

하늘 구경

하늘 좀 보세요, 하늘
바쁘게 길을 가는데
네가 나를 붙잡고 말을 걸었다

저것은 지중해 해변일까
아니면 산타모니카 해변
아니면 스페인 바르셀로나 해변

지구에도 없는 지도가
거기 있었고
가본 일도 없는 해변이
거기 있었다

가을에서 겨울로
건너가고 있는 하늘
맑고도 깊은 하늘

나 오늘 제주도 간단다
바다 구경 하늘 구경
많이 하고 오세요
뒤에서 네가 손을 흔들었다.

2부

좋다

좋아요
좋다고 하니까 나도 좋다.

풀꽃 1

자세히 보아야
예쁘다

오래 보아야
사랑스럽다

너도 그렇다.

풀꽃 2

이름을 알고 나면 이웃이 되고
색깔을 알고 나면 친구가 되고
모양까지 알고 나면 연인이 된다
아, 이것은 비밀.

풀꽃 3

기죽지 말고 살아봐
꽃 피워봐
참 좋아.

오늘의 약속

덩치 큰 이야기, 무거운 이야기는 하지 않기로 해요
조그만 이야기, 가벼운 이야기만 하기로 해요
아침에 일어나 낯선 새 한 마리가 날아가는 것을 보았다든지
길을 가다 담장 너머 아이들 떠들며 노는 소리가 들려 잠시 발을 멈췄다든지
매미 소리가 하늘 속으로 강물을 만들며 흘러가는 것을 문득 느꼈다든지
그런 이야기들만 하기로 해요

남의 이야기, 세상 이야기는 하지 않기로 해요
우리들의 이야기, 서로의 이야기만 하기로 해요
지나간 밤 쉽게 잠이 오지 않아 애를 먹었다든지
하루 종일 보고픈 마음이 떠나지 않아 가슴이 뻐근했다든지
모처럼 개인 밤하늘 사이로 별 하나 찾아내어 숨겨놓

은 소원을 빌었다든지
 그런 이야기들만 하기로 해요

 실은 우리들 이야기만 하기에도 시간이 많지 않은 걸
우리는 잘 알아요
 그래요, 우리 멀리 떨어져 살면서도
 오래 헤어져 살면서도 스스로
 행복해지기로 해요
 그게 오늘의 약속이에요.

사랑은 언제나 서툴다

서툴지 않은 사랑은 이미
사랑이 아니다
어제 보고 오늘 보아도
서툴고 새로운 너의 얼굴

낯설지 않은 사랑은 이미
사랑이 아니다
금방 듣고 또 들어도
낯설고 새로운 너의 목소리

어디서 이 사람을 보았던가……
이 목소리 들었던가……
서툰 것만이 사랑이다
낯선 것만이 사랑이다

오늘도 너는 내 앞에서

다시 한번 태어나고
오늘도 나는 네 앞에서
다시 한번 죽는다.

섬에서

그대, 오늘

볼 때마다 새롭고
만날 때마다 반갑고
생각날 때마다 사랑스러운
그런 사람이었으면 좋겠습니다

풍경이 그러하듯이
풀잎이 그렇고
나무가 그러하듯이.

첫눈

요즘 며칠 너 보지 못해
목이 말랐다

어젯밤에도 깜깜한 밤
보고 싶은 마음에
더욱 깜깜한 마음이었다

몇날 며칠 보고 싶어
목이 말랐던 마음
깜깜한 마음이
눈이 되어 내렸다

네 하얀 마음이 나를
감싸 안았다.

너를 두고

세상에 와서
내가 하는 말 가운데서
가장 고운 말을
너에게 들려주고 싶다

세상에 와서
내가 가진 생각 가운데서
가장 예쁜 생각을
너에게 주고 싶다

세상에 와서
내가 할 수 있는 표정 가운데
가장 좋은 표정을
너에게 보이고 싶다

이것이 내가 너를

사랑하는 진정한 이유
나 스스로 네 앞에서 가장
좋은 사람이 되고 싶은 소망이다.

혼자서

무리 지어 피어 있는 꽃보다
두 셋이서 피어 있는 꽃이
도란도란 더 의초로울 때 있다

두 셋이서 피어 있는 꽃보다
오직 혼자서 피어 있는 꽃이
더 당당하고 아름다울 때 있다

너 오늘 혼자 외롭게
꽃으로 서 있음을 너무
힘들어하지 말아라.

사랑에 답함

예쁘지 않은 것을 예쁘게
보아주는 것이 사랑이다

좋지 않은 것을 좋게
생각해주는 것이 사랑이다

싫은 것도 잘 참아주면서
처음만 그런 것이 아니라

나중까지 아주 나중까지
그렇게 하는 것이 사랑이다.

눈 위에 쓴다

눈 위에 쓴다
사랑한다 너를
그래서 나 쉽게
지구라는 아름다운 별
떠나지 못한다.

행복

저녁 때
돌아갈 집이 있다는 것

힘들 때
마음속으로 생각할 사람 있다는 것

외로울 때
혼자서 부를 노래 있다는 것.

꽃그늘

아이한테 물었다

이담에 나 죽으면
찾아와 울어줄 거지?

대답 대신 아이는
눈물 고인 두 눈을 보여주었다.

추억

어디라 없이 문득
길 떠나고픈 마음이 있다
누구라 없이 울컥
만나고픈 얼굴이 있다

반드시 까닭이
있었던 것은 아니다
분명히 할 말이
있었던 것은 더욱 아니다

푸른 풀밭이 자라서
가슴속에 붉은
꽃들이 피어서

간절히 머리 조아려
그걸 한사코

보여주고 싶던 시절이
내게도 있었다.

바람 부는 날

너는 내가 보고 싶지도 않니?
구름 위에 적는다

나는 너무 네가 보고 싶단다!
바람 위에 띄운다.

내가 사랑하는 계절

내가 제일로 좋아하는 달은
11월이다
더 여유 있게 잡는다면
11월에서 12월 중순까지다

낙엽 져 홀몸으로 서 있는 나무
나무들이 깨금발을 딛고 선 등성이
그 등성이에 햇빛 비쳐 드러난
황토 흙의 알몸을
좋아하는 것이다

황토 흙 속에는
시제時祭 지내러 갔다가
막걸리 두어 잔에 취해
콧노래 함께 돌아오는
아버지의 비틀걸음이 들어 있다

어린 형제들이랑
돌담 모퉁이에 기대어 서서 아버지가
가져오는 봉송封送 꾸러미를 기다리던
해 저물녘 한때의 굴품한* 시간들이
숨 쉬고 있다

아니다 황토 흙 속에는
끼니 대신으로 어머니가
무쇠솥에 찌는 고구마의
구수한 내음새 아스므레
아지랑이가 스며 있다

내가 제일로 좋아하는 계절은
낙엽 져 나무 밑동까지 드러나 보이는
늦가을부터 초겨울까지다
그 솔직함과 청결함과 겸허를

못 견디게 사랑하는 것이다.

* 굴품한: '배가 고픈 듯한', '시장기가 드는 듯한'의 충청도 방언.

바람에게 묻는다

바람에게 묻는다
지금 그곳에는 여전히
꽃이 피었던가 달이 떴던가

바람에게 듣는다
내 그리운 사람 못 잊을 사람
아직도 나를 기다려
그곳에서 서성이고 있던가

내게 불러줬던 노래
아직도 혼자 부르며
울고 있던가.

꽃들아 안녕

꽃들에게 인사할 때
꽃들아 안녕!

전체 꽃들에게
한꺼번에 인사를
해서는 안 된다

꽃송이 하나하나에게
눈을 맞추며
꽃들아 안녕! 안녕!

그렇게 인사함이
백번 옳다.

그리움

햇빛이 너무 좋아
혼자 왔다 혼자
돌아갑니다.

내가 좋아하는 사람

내가 좋아하는 사람은
슬퍼할 일을 마땅히 슬퍼하고
괴로워할 일을 마땅히 괴로워하는 사람

남의 앞에 섰을 때
교만하지 않고
남의 뒤에 섰을 때
비굴하지 않은 사람

내가 좋아하는 사람은
미워할 것을 마땅히 미워하고
사랑할 것을 마땅히 사랑하는
그저 보통의 사람.

멀리서 빈다

어딘가 내가 모르는 곳에
보이지 않는 꽃처럼 웃고 있는
너 한 사람으로 하여 세상은
다시 한번 눈부신 아침이 되고

어딘가 네가 모르는 곳에
보이지 않는 풀잎처럼 숨 쉬고 있는
나 한 사람으로 하여 세상은
다시 한번 고요한 저녁이 온다

가을이다, 부디 아프지 마라.

말하고 보면 벌써

말하고 보면 벌써
변하고 마는 사람의 마음

말하지 않아도 네가
내 마음 알아줄 때까지

내 마음이 저 나무
저 흰 구름에 스밀 때까지

나는 아무래도 이렇게
서 있을 수밖엔 없다.

별들이 대신해주고 있었다

바람도 향기를 머금은 밤
탱자나무 가시 울타리 가에서
우리는 만났다
어둠 속에서 봉오리진
하이얀 탱자꽃이 바르르
떨었다
우리의 가슴도 따라서
떨었다
이미 우리들이 해야 할 말을
별들이 대신해주고 있었다.

11월

돌아가기엔 이미 너무 많이 와버렸고
버리기에는 차마 아까운 시간입니다

어디선가 서리 맞은 어린 장미 한 송이
피를 문 입술로 이쪽을 보고 있을 것만 같습니다

낮이 조금 더 짧아졌습니다
더욱 그대를 사랑해야 하겠습니다.

한 사람 건너

한 사람 건너 한 사람
다시 한 사람 건너 또 한 사람

애기 보듯 너를 본다

찡그린 이마
앙다문 입술
무슨 마음 불편한 일이라도
있는 것이냐?

꽃을 보듯 너를 본다.

그래도

사랑했다
좋았다
헤어졌다
그래도 고마웠다

네가 나를 버리는 바람에
내가 나를 더
사랑할 수 있었다.

나무 1

너의 허락도 없이
너에게 너무 많은 마음을
주어버리고
너에게 너무 많은 마음을
뺏겨버리고
그 마음 거두어들이지 못하고
바람 부는 들판 끝에 서서
나는 오늘도 이렇게 슬퍼하고 있다.

그런 사람으로

그 사람 하나가
세상의 전부일 때 있었습니다

그 사람 하나로 세상이 가득하고
세상이 따뜻하고

그 사람 하나로
세상이 빛나던 때 있었습니다

그 사람 하나로 비바람 거센 날도
겁나지 않던 때 있었습니다

나도 때로 그에게 그런 사람으로
기억되고 싶습니다.

떠나와서

떠나와서 그리워지는
한 강물이 있습니다
헤어지고 나서 보고파지는
한 사람이 있습니다
미루나무 새 잎새 나와
바람에 손을 흔들던 봄의 강가
눈물 반짝임으로 저물어가는
여름날 저녁의 물비늘
혹은 겨울 안개 속에 해 떠오르고
서걱대는 갈대숲 기슭에
벗은 발로 헤엄치는 겨울 철새들
헤어지고 나서 보고파지는
한 사람이 있습니다
떠나와서 그리워지는
한 강물이 있습니다.

아끼지 마세요

좋은 것 아끼지 마세요
옷장 속에 들어 있는 새로운 옷 예쁜 옷
잔칫날 간다고 결혼식장 간다고
아끼지 마세요
그러다 그러다가 철 지나면 헌 옷 되지요

마음 또한 아끼지 마세요
마음속에 들어 있는 사랑스러운 마음 그리운 마음
정말로 좋은 사람 생기면 준다고
아끼지 마세요
그러다 그러다가 마음의 물기 마르면 노인이 되지요

좋은 옷 있으면 생각날 때 입고
좋은 음식 있으면 먹고 싶을 때 먹고
좋은 음악 있으면 듣고 싶을 때 들으세요
더구나 좋은 사람 있으면

마음속에 숨겨두지 말고
마음껏 좋아하고 마음껏 그리워하세요

그리하여 때로는 얼굴 붉힐 일
눈물 글썽일 일 있다한들
그게 무슨 대수겠어요!
지금도 그대 앞에 꽃이 있고
좋은 사람이 있지 않나요
그 꽃을 마음껏 좋아하고
그 사람을 마음껏 그리워하세요.

이 가을에

아직도 너를
사랑해서 슬프다.

너도 그러냐

나는 너 때문에 산다

밥을 먹어도
얼른 밥 먹고 너를 만나러 가야지
그러고
잠을 자도
얼른 날이 새어 너를 만나러 가야지
그런다

네가 곁에 있을 때는 왜
이리 시간이 빨리 가나 안타깝고
네가 없을 때는 왜
이리 시간이 더딘가 다시 안타깝다

멀리 길을 떠나도 너를 생각하며 떠나고
돌아올 때도 너를 생각하며 돌아온다

오늘도 나의 하루해는 너 때문에 떴다가
너 때문에 지는 해이다

너도 나처럼 그러냐?

세상에 나와 나는

세상에 나와 나는
아무것도 내 몫으로
차지하려 하지 않았습니다

꼭 갖고 싶은 것이 있었다면
푸른 하늘빛 한 쪽
바람 한 줌
노을 한 자락

더 욕심을 부린다면
굴러가는 나뭇잎새
하나

세상에 나와 나는
어느 누구도 사랑하는 사람으로
간직해두고 싶지 않았습니다

꼭 사랑하는 사람이 있었다면
단 한 사람
눈이 맑은 그 사람
가슴속에 맑은 슬픔을 간직한 사람

더 욕심을 부린다면
늙어서 나중에도 부끄럽지 않게
만나고 싶은 한 사람
그대.

나무에게 말을 걸다

우리가 과연
만나기나 했던 것일까?

서로가 사랑한다고
믿었던 때가 있었다
서로가 서로를 아주 잘
알고 있다고 믿었던 때가 있었다
가진 것을 모두 주어도
아깝지 않다고 생각하던 시절도 있었다

바람도 없는데
보일 듯 말 듯
나무가 몸을 비튼다.

봄

봄이란 것이 과연
있기나 한 것일까?
아직은 겨울이지 싶을 때 봄이고
아직은 봄이겠지 싶을 때 여름인 봄
너무나 힘들게 더디게 왔다가
너무나 빠르게 허망하게
가버리는 봄
우리네 인생에도
봄이란 것이 있었을까?

목련꽃 낙화

너 내게서 떠나는 날
꽃이 피는 날이었으면 좋겠네
꽃 가운데서도 목련꽃
하늘과 땅 위에 새하얀 꽃등
밝히듯 피어오른 그런
봄날이었으면 좋겠네

너 내게서 떠나는 날
나 울지 않았으면 좋겠네
잘 갔다 오라고 다녀오라고
하루치기 여행을 떠나는 사람
가볍게 손 흔들듯 그렇게
떠나보냈으면 좋겠네

그렇다 해도 정말
마음속에서는 너도 모르게

꽃이 지고 있겠지
새하얀 목련꽃 흐득흐득
울음 삼키듯 땅바닥으로
떨어져 내려앉겠지.

서로가 꽃

우리는 서로가
꽃이고 기도다

나 없을 때 너
보고 싶었지?
생각 많이 났지?

나 아플 때 너
걱정됐지?
기도하고 싶었지?

그건 나도 그래
우리는 서로가
기도이고 꽃이다.

외롭다고 생각할 때일수록

외롭다고 생각할 때일수록
혼자이기를,

말하고 싶은 말이 많을 때일수록
말을 삼가기를,

울고 싶은 생각이 깊을수록
울음을 안으로 곱게 삭이기를,

꿈꾸고 꿈꾸노니―

많은 사람들로부터 빠져나와
키 큰 미루나무 옆에 서 보고
혼자 고개 숙여 산길을 걷게 하소서.

잠들기 전 기도

하나님
오늘도 하루
잘 살고 죽습니다
내일 아침 잊지 말고
깨워주십시오.

능금나무 아래

한 남자가 한 여자의 손을 잡았다
한 젊은 우주가 또 한 젊은
우주의 손을 잡은 것이다

한 여자가 한 남자의 어깨에 몸을 기댔다
한 젊은 우주가 또 한 젊은
우주의 어깨에 몸을 기댄 것이다

그것은 푸르른 5월 한낮
능금꽃 꽃등을 밝힌
능금나무 아래에서였다.

앉은뱅이꽃

발밑에 가여운 것
밟지 마라,
그 꽃 밟으면 귀양 간단다
그 꽃 밟으면 죄 받는단다.

들국화 2

바람 부는 등성이에
혼자 올라서
두고 온 옛날은
생각 말자고,
아주 아주 생각 말자고

갈꽃 핀 등성이에
혼자 올라서
두고 온 옛날은
잊었노라고,
아주 아주 잊었노라고

구름이 헤적이는
하늘을 보며
어느 사이
두 눈에 고이는 눈물

꽃잎에 젖는 이슬.

겨울행

열 살에 아름답던 노을이
마흔 살 되어 또다시 아름답다
호젓함이란 참으로
소중한 것이란 걸 알게 되리라

들판 위에
추운 나무와 집들의 마을,
마을 위에 산,
산 위에 하늘,

죽은 자들은 하늘로 가
구름이 되고 언 별빛이 되지만
산 자들은 마을로 가
따뜻한 등불이 되는 걸 보리라.

살아갈 이유

너를 생각하면 화들짝
잠에서 깨어난다
힘이 솟는다

너를 생각하면 세상 살
용기가 생기고
하늘이 더욱 파랗게 보인다

너의 얼굴을 떠올리면
나의 가슴은 따뜻해지고
너의 목소리 떠올리면
나의 가슴은 즐거워진다

그래, 눈 한번 질끈 감고
하나님께 죄 한번 짓자!
이것이 이 봄에 또 살아갈 이유다.

돌멩이

흐르는 맑은 물결 속에 잠겨
보일 듯 말 듯 일렁이는
얼룩무늬 돌멩이 하나
돌아가는 길에 가져가야지
집어 올려 바위 위에
놓아두고 잠시
다른 볼일 보고 돌아와
찾으려니 도무지
어느 자리에 두었는지
찾을 수가 없다

혹시 그 돌멩이, 나 아니었을까?

가보지 못한 골목길을

가보지 못한 골목들을
그리워하면서 산다

알지 못한 꽃밭,
꽃밭의 예쁜 꽃들을
꿈꾸면서 산다

세상 어디엔가
우리가 아직 가보지 못한 골목길과
우리가 아직 알지 못하던 꽃밭이
숨어 있다는 것은
그것만으로도 얼마나
희망적인 일이겠니!

만나지 못했던 사람들을
만나기 위해서 산다

세상 어디엔가

우리가 아직 만나지 못한 사람들이

살고 있다는 것은

그것만으로도 얼마나

가슴 두근거려지는 일이겠니!

지상에서의 며칠

때 절은 종이 창문 흐릿한 달빛 한 줌이었다가
바람 부는 들판의 키 큰 미루나무 잔가지 흔드는 바람이었다가
차마 소낙비일 수 있었을까? 겨우
옷자락이나 머리칼 적시는 이슬비였다가
기약 없이 찾아든 바닷가 민박집 문지방까지 밀려와
칭얼대는 파도 소리였다가
누군들 안 그러랴
잠시 머물고 떠나는 지상에서의 며칠, 이런저런 일들
좋았노라 슬펐노라 고달팠노라
그대 만나 잠시 가슴 부풀고 설렜었지
그러고는 오래고 긴 적막과 애달픔과 기다림이 거기 있었지
가는 여름 새끼손톱에 스며든 봉숭아 빠알간 물감이었다가
잘려나간 손톱 조각에 어른대는 첫눈이었다가

눈물이 고여서였을까? 눈썹 깜짝이다가 눈썹 두어 번 깜짝이다가…….

꽃 피우는 나무

좋은 경치 보았을 때
저 경치 못 보고 죽었다면
어찌했을까 걱정했고

좋은 음악 들었을 때
저 음악 못 듣고 세상 떴다면
어찌했을까 생각했지요

당신, 내게는 참 좋은 사람
만나지 못하고 이 세상 흘러갔다면
그 안타까움 어찌했을까요……

당신 앞에서는
나도 온몸이 근지러워
꽃 피우는 나무

지금 내 앞에 당신 마주 있고
당신과 나 사이 가득
음악의 강물이 일렁입니다

당신 등 뒤로 썰렁한
잡목 숲도 이럴 때는 참
아름다운 그림 나라입니다.

시

그냥 줍는 것이다

길거리나 사람들 사이에
버려진 채 빛나는
마음의 보석들.

묘비명

많이 보고 싶겠지만
조금만 참자.

3부

인생

화창한 날씨만 믿고
가벼운 옷차림과 신발로 길을 나섰지요
향기로운 바람 지저귀는 새소리 따라
오솔길을 걸었지요

멀리 갔다가 돌아오는 길
막판에 그만 소낙비를 만났지 뭡니까

하지만 나는 소낙비를 나무라고 싶은
생각이 별로 없어요
날씨 탓만 하며 날씨한테 속았노라
말하고 싶지도 않아요

좋았노라 그마저도 아름다운 하루였노라
말하고 싶어요
소낙비 함께 옷과 신발에 묻어온

숲속의 바람과 새소리

그것도 소중한 나의 하루
나의 인생이었으니까요.

여행

떠나온 곳으로 다시는
돌아갈 수 없다는 걸 알기까지는
많은 시간이 필요했다.

대숲 아래서

1
바람은 구름을 몰고
구름은 생각을 몰고
다시 생각은 대숲을 몰고
대숲 아래 내 마음은 낙엽을 몬다

2
밤새도록 댓잎에 별빛 어리듯
그슬린 등피에는 네 얼굴이 어리고
밤 깊어 대숲에는 후득이다 가는 밤 소나기 소리
그러고도 간신이 사운대다 가는 밤바람 소리

3
어제는 보고 싶다 편지 쓰고
어젯밤 꿈엔 너를 만나 쓰러져 울었다
자고 나니 눈두덩엔 메마른 눈물 자국

문을 여니 산골엔 실비단 안개

4
모두가 내 것만은 아닌 가을,
해 지는 서녘구름만이 내 차지다
동구 밖에 떠드는 애들의
소리만이 내 차지다
또한 동구 밖에서부터 피어오르는
밤안개만이 내 차지다

하기는 모두가 내 것만은 아닌 것도 아닌
이 가을,
서녁밥 일찍이 먹고
우물가에 산보 나온
달님만이 내 차지다
물에 빠져 머리칼 헹구는

달님만이 내 차지다.

가을 서한

1

끝내 빈손 들고 돌아온 가을아,
종이기러기 한 마리 안 날아오는 비인 가을아,
내 마음까지 모두 주어버리고 난 지금
나는 또 그대에게 무엇을 주어야 할까 몰라

2

새로 국화 잎새 따다 수놓아
새로 창호지 문 바르고 나면
방 안 구석구석까지 밀려들어 오는 저승의 햇살
그것은 가난한 사람들만의 겨울 양식

3

다시는 더 생각하지 않겠다,
다짐하고 내려오는 등성이에서
돌아보니 타닥타닥 영그는 가을꽃씨 몇 움큼,

바람 속에 흩어지는 산 너머 기적 소리

4
가을은 가고
남은 건
바바리코트 자락에 날리는 바람
때 묻은 와이셔츠 깃

가을은 가고
남은 건
그대 만나러 가는 골목길에서의
내 휘파람 소리

첫눈 내리는 날에
켜질
그대 창문의 등불 빛

한 초롱.

사랑에의 권유

사랑 때문에 다만
사랑하는 일 때문에
울어본 적 있으신지요?

보고 싶은 마음 때문에 오직
한 사람이 보고 싶은 마음 때문에
밤을 꼬박 새워본 적 있으신지요?

그것이 철없음이라도 좋겠고
어리석음이라도 좋겠고
서툰 인생이라 해도 충분히 좋겠습니다

한 사람의 여자를 위하여
한 사람의 남자를 위하여 다시금
떨리는 손으로 길고 긴 편지를
써보고 싶은 생각은 없으신지요?

부디 잊지 마시기 바라요
한 사람의 일로 밤을 새우고
오직 그 일로 해서 지구가 다
무너져버릴 것만 같았던 날들이 분명
우리에게 있었음을

그리하여 우리가 한때나마 지상에서
행복하고 슬프고도 외로운 사람이었음을
부디 후회하지 마시기 바라요.

비파나무

왜 여기 서 있느냐
묻지 마세요
왜 잎이 푸르고
꽃을 피웠느냐
따지지 마세요

당신이 오기 기다려
여기 서 있고
당신 생각하느라
꽃을 피웠을 뿐이에요.

풍경

이 그림에서
당신을 빼낸다면
그것이 내 최악의 인생입니다.

귀로

가면서 돌아가면서 울고 있겠지
애달픈 마음 아쉬운 마음
가슴에 안아 희미한 모닥불 피우며
길가의 꽃을 보고서도 눈짓을 하고
하늘가 흰 구름하고도 얘기를 하며
바람이었을 거야 우리는
뒤돌아보며 뒤돌아보며 흐느끼는 사람.

꽃

아무렇게나 저절로
피는 꽃은 없다

누군가의 억울함과 슬픔과
기도가 쌓여 피는 꽃

그렇다면 산도 바다도
강물도

하늘과 땅의 억울함과 슬픔과
기도로 피어나는 꽃일 것이다.

사랑은 비밀

사랑은 언제나 비밀

한 사람과 또 한 사람의
중간 어디쯤 허공에
매달려 있는 조그만 화분
거기 자라는 이름 모를 화초

사람들에게 알려졌을 때
사랑은 죽어버리고 만다

새봄도 어디까지나 비밀

겨울과 여름 사이 어디쯤
이상한 어지럼증이거나 소용돌이
알지 못할 꽃 빛깔이거나
맴돌고 있는 새소리

사람들이 눈치챘을 때

새봄은 이미 사라져버리고 만다.

아버지 1

햇빛이 너무 좋아요, 아버지
어제까지 보지 못하던 꽃들이 피었구요, 아버지

오늘 아침엔 우리 집 향나무 울타리에
이름 모를 새들이 한참 동안 울다가 갔어요

환한 대낮에는 견딜 만하다가도
아침저녁으로는 못 견디겠는 마음이에요

아침 밥상 앞에 보이지 않은 아버지를 문득 찾고요
어두워지는 대문간에 저벅저벅 발자국 소리 들어요

지금은 눈물도 그쳤구요, 아버지
그냥 보고 싶기만 할 뿐이에요.

대답

많고 많은 대답 가운데
가장 좋은 대답은
네……

그럴 수 없이 순하고
겸손하고 더 이상 낮아질 수 없이
낮아진 대답

오늘 네가 나에게 보내준
네……
바로 그 한 마디

언젠가는 나도 너에게
그 말을 돌려주고 싶다.

선물

나에게 이 세상은 하루하루가 선물입니다
아침에 일어나 만나는 밝은 햇빛이며 새소리,
맑은 바람이 우선 선물입니다

문득 푸르른 산 하나 마주했다면 그것도 선물이고
서럽게 서럽게 뱀 꼬리를 흔들며 사라지는
강물을 보았다면 그 또한 선물입니다

한낮의 햇살을 받아 손바닥 뒤집는
잎사귀 넓은 키 큰 나무들도 선물이고
길 가다 발밑에 깔린 이름 없어 가여운
풀꽃들 하나하나도 선물입니다

무엇보다도 먼저 이 지구가 나에게 가장 큰 선물이고
지구에 와서 만난 당신,
당신이 우선으로 가장 좋으신 선물입니다

저녁 하늘에 붉은 노을이 번진다 해도 부디
마음 아파하거나 너무 섭하게 생각지 마서요
나도 또한 이제는 당신에게
좋은 선물이었으면 합니다.

마지막 기도

더 이상 그를
사랑하지 않게 해주십시오
사랑하는 마음이 언젠가
미움의 마음으로 변할까 걱정합니다

어떤 경우에도 그를
미워하지 않게 해주십시오
그를 사랑했던 마음
오래오래 후회될까 봐 걱정입니다.

못나서 사랑했다

잘나지 못해서 사랑했다
사랑하지 않고서는
배길 수 없어서 사랑했다
밥을 먹어도 배가 고프고
물을 마셔도 목이 말라서
사랑했다

사랑은 밥이요
사랑은 물

바람 부는 날 바람 따라 흔들리지
않기 위해서 사랑했다
흐르는 강가에서 물 따라
흘러가지 않기 위해서
사랑했다

사랑은 공기요
사랑은 꿈

너 또한 잘난 사람 아니기에
사랑할 수밖에 없었다
못나서 안쓰럽고
안쓰러워 사랑할 수밖에 없었다
사랑하여 너는 세상에서
가장 예쁜 네가 되었다

사랑은 꽃이요
사랑은 눈물.

등불

1
사람은 누구나
자기의 등불이 있습니다

저승서부터 데리고 왔거나
태어날 때
어머니가 쥐여주셨을 등불

몸이 아플 때나 잠들 때에도
머리맡에 켜 놓고
끄지 않았던 등불

그 등불이 사람을
이끌고 갑니다
밀림 속 세상에
길을 열어서 나아가게 합니다

2
어머니, 저는 오늘 또다시
길을 잃었습니다

밤길은 자주 어두워지고
시야는 도처에서 떨립니다

그러나 어머니, 저는
제 마음이 더욱 헐벗고
제 행색이 더욱 초라해지길
허락합니다

가난한 마음일 때 등불은
더욱 밝게 타오름을 제가
알기 때문입니다

행색이 초라한 사람 손에
들려진 등불일수록 더욱
멀리까지 비쳐짐을
제가 믿기 때문입니다.

그대 지키는 나의 등불 26

비가 내리네
비가 내리네
겨울인 줄도 모르는 비
겨울비야
밤인 줄도 모르는 비
밤비야
마른 나뭇가지를 적시고
내 가슴을 적시고
너는 어디로 떠나는 거냐
어느 불빛 그리워 울며 흐르는 거냐
가다가 흐르다가
그 또한 새벽잠 깨어 우는
내 사람 만나거든
나도 새벽잠 깨어
잠 못 들고 있더라고 말해주렴
새벽잠 깨어

울고 있더라고 말해주렴
새벽인 줄도 모르는 비
새벽비야
잠들 줄도 모르는 비
바보비야.

나뭇결

운문사 만우당
스님들 조강하게 드나드시는 쪽마루
가끔 들를 때마다
더욱 고와지고 또렷해지는
마룻바닥의 나뭇결

스님들 발길에 스치고
스님들 걸레질에 닦여서
서슬 푸른 향기라도 머금을 듯
뼈무늬라도 일어설 듯

가장 정갈한 아침 햇살이 말려주고
가장 조용한 저녁 별빛이 쓰다듬어주어
더욱 선명해지고 고와진
마룻바닥의 나뭇결

사람도 저처럼
나이 들면서 안으로 밝아지고 고와져
선명한 마음의 무늬를 가질 수는 없는 일일까
향내라도 은은하게 품을 수는 없는 일일까.

사랑하는 마음 내게 있어도

사랑하는 마음
내게 있어도
사랑한다는 말
차마 건네지 못하고 삽니다
사랑한다는 그 말끝까지
감당할 수 없기 때문

모진 마음
내게 있어도
모진 말
차마 하지 못하고 삽니다
나도 모진 말 남들에게 들으면
오래오래 잊히지 않기 때문

외롭고 슬픈 마음
내게 있어도

외롭고 슬프다는 말
차마 하지 못하고 삽니다
외롭고 슬픈 말 남들한테 들으면
나도 덩달아 외롭고 슬퍼지기 때문

사랑하는 마음을 아끼며
삽니다
모진 마음을 달래며
삽니다
될수록 외롭고 슬픈 마음을
숨기며 삽니다.

잠시

바닷물 밖으로 던져진 한 마리 새우처럼
팔다리 오그려 영어 글자의 C자로
잠들어 있을 때 나도 모르게 다가와
이불을 가져다 덮어주는 한 사람 있다면
인생은 잠시 덜 억울해도 좋으리

번번이 젊은 날 책을 읽다 잠이 들면
고달픈 이마를 짚어 맑고 따스한 손으로
어루만져주는 램프의 불빛인양
보이지 않는 마음의 불빛으로
생각해주는 한 사람 있다면
인생은 잠시 행복한 것이라고
오해하거나 착각해도 좋으리.

너에게 감사

사랑하는 사람들 사이에서는
더 많이 사랑하는 사람이
단연코 약자라는 비밀

어제도 지고
오늘도 지고
내일도 지는 일방적인 줄다리기

지고서도 오히려
기분이 나쁘지 않고
홀가분하기까지 한 게임

사랑하는 사람들 사이에서는
더 많이 지는 사람이
끝내는 승자라는 비밀

그걸 깨닫게 해준 너에게
감사한다.

여름의 일

골목길에서 만난
낯선 아이한테서
인사를 받았다

안녕!

기분이 좋아진 나는
하늘에게 구름에게
지나는 바람에게 울타리 꽃에게
인사를 한다

안녕!

문간 밖에 나와
쭈그리고 앉아 있는
순한 얼굴의 개에게도

인사를 한다

너도 안녕!

눈부신 세상

멀리서 보면 때로 세상은
조그맣고 사랑스럽다
따뜻하기까지 하다
나는 손을 들어
세상의 머리를 쓰다듬어준다
자다가 깨어난 아이처럼
세상은 배시시 눈을 뜨고
나를 향해 웃음 지어 보인다

세상도 눈이 부신가 보다.

별 1

너무 일찍 왔거나 너무 늦게 왔거나
둘 중에 하나다
너무 빨리 떠났거나 너무 오래 남았거나
또 그 둘 중에 하나다

누군가 서둘러 떠나간 뒤
오래 남아 빛나는 반짝임이다

손이 시려 손조차 맞잡아줄 수가 없는
애달픔
너무 멀다 너무 짧다
아무리 손을 뻗쳐도 잡히지 않는다

오래오래 살면서 부디 나
잊지 말아다오.

동심

꽃은 나무나 풀에만
피는 것이라고 말했다
아이들은 아니라고 그랬다
사람도 꽃그림이 들어 있는
옷을 입으면 사람에게도
꽃이 피는 것이고
예쁜 여자아이
두 볼이 빨개지면
그것도 꽃이 된다고
그랬다

*

살아 있는 것은
모두 움직인다고 일러줬다
그렇다면 바람도 물도
살아 있나요?

살아 있는 것은 숨을 쉬거나
무엇인가를 먹고 자란다고
일러줬다
그렇다면 구름과 불도
살아 있나요?
아니라고 대답해줬지만
정말로 살아 있는 것은
아이들 말대로
바람과 물과 구름과 불이 아닐까
아이들 모르게 혼자
중얼거려보았다.

화내지 마세요

화내지 마세요
당신 앞에서 나는 순한 짐승
어찌해야 할지를 모르겠어요

무서운 얼굴 하지 마세요
당신 앞에서 나는 조그만 풀빛
그냥 웃고만 있겠어요

당신도 나에게
순한 짐승, 때로는
조그만 풀꽃이었음 좋겠어요.

과수원집 옆집 1

배나무
자두나무
복숭아나무

두 팔 벌려
사람들아 봄이 왔다
봄이 왔다아
만세 부르고

새들은 또
짝! 짝! 짝!
손뼉을 쳐
느낌표 하나씩을
나뭇가지마다
올려놓는다

그 만세 소리
느낌표의 힘으로
나무들은 잎을 내밀고
꽃을 피운다.

과수원집 옆집 2

가르쳐주지 않고
귓속말로 일러주지 않아도
나무들은 가지 끝에
때맞춰 봄비와 바람을
불러 모으고
땅속 깊이 잠든
샘물을 일으켜 세운다

이젠 새로 일할 때야
이젠 새로 시작할 때야

과수원집 남자 주인은
나무들의 이야길 알아듣고
나무 밑동을 깊숙이 파
한 해치의 거름을 묻어주고

오늘따라 그슬린 얼굴에
보일 듯 말 듯 웃음결이 행결
푸쳐 보이는 과수원집 아낙네
나무와 나무 사이를 오가며
햇살을 퍼서 나른다 일륜차 가득
거름 냄새도 덤으로 실어 나른다.

혼자서 빈손으로

혼자 오길 잘했지
그대 같이 왔더라면
이끼 낀 돌자갈 길에
미끄러지지나 않을까
그대 손 잡아주고 어깨 감싸주느라
가을비에 고개 숙인 애기며느리밥풀꽃 나도송이풀꽃
저 애처로운 옆모습 미처
보지 못했을 거야

빈손으로 오길 잘했지
우산 받고 왔더라면
어느 왕조의 패망인 양
슬프게 무너져 내리는 하늘 구름의 성채
그리고 찬비에 천천히 치맛말기가 벗겨지면서
알몸이 되어가는 갈잎나무들의 아랫도리
차마 곁눈질해 보지 못했을 거야

저것 좀 보아
저 소리 좀 들어보아
혼자서 빈손으로 왔기에
옆에 없는 그대 때때로 불러
나는 이렇게 이야기도
나누네.

가을 맑은 날

햇빛 맑고 바람 고와서
마음 멀리 아주 멀리 떠나가
쉽사리 돌아오지 않는다

벼 벤 그루터기 새로 돋아나는
움벼를 보며
들머리밭 김장배추 청무 이파리
길을 따라서

가다가 가다가
단풍의 골짜기
겨우겨우 찾아낸
감나무골

사람들 버리고 떠난 길
담장 너머 꽃을 피운 달리아

더러는 맨드라미

마음아, 너무 오래 떠돌지 말고
날 저물기 전에 서둘러
돌아오려문.

가을 산길의 명상

무엇이 아직도 그리 아깝고
무엇이 아직도 그리 부끄러웠으랴
헐어버려라 헐어버려
혼자서 중얼거리며
봄 여름 내내 땀흘려 쌓아 올린
바람의 깃발을 내리고
잠들 채비를 서두는
저 나무를 좀 보세나

가렸던 하늘을 비워
구름에게 새들에게 길을 내주고
더러는 오락가락 눈발에게도
놀이마당을 깔아주는
저 늦가을의 나무 좀 보시게나

뿐이랴

떨군 나뭇잎으로 너무 오래 붙박이로 있어서
퉁퉁 부어오른 스스로의
발들을 덮고 난 뒤에
제 이파리며 줄기 갉아 먹던 벌레들의 애벌레에게까지
따뜻한 잠자리를 내어주는
더러는 제 열매 훔쳐가는 얄미운 작은 몸집의 포유류
에게도
눈보라와 추위를 피할 수 있는
편안한 보금자리를 마련해줄 줄 아는
이 가을산의 크신 어른
오직 어지신 어른을 좀 보시게나.

누워서 생각했을 때

좋은 세상 뒤로하고 가는 것
예쁜 것 더 이상 못 보는 것
고운 소리 더 이상 못 듣는 것
그럴 수 없이 서러웠다

읽다 만 책 몇 페이지
마저 읽지 못하는 것
좋은 사람들 더 이상
만나지 못한다는 것
그 또한 아쉽고 안타까웠다

그 무엇보다는 세상으로부터
잊힌다는 것
깡그리 세상 사람들로부터
잊힐지도 모른다는 것
그것이 가장 두렵고 힘들었다

누워서 누워서

혼자 생각했을 때.

썩은 시인

이팝나무꽃 새하얀 골에
쓰러져 우는 달빛 같은 시
손이 시리면서
가슴이 쓰려오면서
여릿여릿 물결쳐 오는 안개비 같은 시를
쓰고 싶다고 말하는 나를 보고
아내는 느닷없이 당신은
썩은 시인이라고
썩었어도 속이 곯을 대로 곯아버린
시인이라고 말한다

그야 그렇지
속이 썩어서 곯아버려야
새싹도 나고 새 꽃이파리도
솟아나게 할 것이 아니겠는가

그 왜 잘 썩고 곰삭은 연못일수록
연꽃도 어여쁜 연꽃을 피워 올린다는
말씀이 있지 않던가.

사십

1
아무래도 내리막
비탈길이다
빠른 걸음으로 가야 하는 길이다
가진 것은 없지만 그래도
버리면서 버리면서
가야 하는 길이다

2
다른 사람들이 갖고 있는 걸
갖지 못하는 것은
쓸쓸한 일이다

다른 사람들이 누리는 걸
누리지 못하는 건
섭섭한 일이다

더구나 남들이 다 버리는 걸
버리지 못하고 사는 건
답답한 일이다

3
물은 흘러간다
내가 갖지 못한 것을
가지며 흘러간다

물은 울며 간다
내가 버리지 못한 것을
버리며 울며 간다

그러나 물은
외톨이라는 점에서
나와 같다

4
모든 사람으로부터 받는 찬사는
찬사가 아니다
동지로부터 받는 찬사도
찬사가 아니다
그것은 욕설이요 소음이요
낭떠러지로 가는 눈먼 길이다.

응?

초록의 들판에
조그만 소년이
가볍게 가볍게
덩치 큰 소를 끌고 가듯이

귀여운 어린 아기가 끌고 가는
착하신 엄마와 아빠

어여쁜 아이들이 끌고 가는
정다운 학교와 선생님들

아가야, 지구를 통째로
너에게 줄 테니
잠들 때까지 망가뜨리지 말고
잘 가지고 놀거라, 응?

근황

요새
네 마음속에 살고 있는
나는 어떠니?

내 마음속에 들어와
살고 있는 너는 여전히
예쁘고 귀엽단다.

그리움

가지 말라는데 가고 싶은 길이 있다
만나지 말자면서 만나고 싶은 사람이 있다
하지 말라면 더욱 해보고 싶은 일이 있다

그것이 인생이고 그리움
바로 너다.

꽃 2

예쁘다는 말을
가볍게 삼켰다

안쓰럽다는 말을
꿀꺽 삼켰다

사랑한다는 말을
어렵게 삼켰다

섭섭하다, 안타깝다,
답답하다는 말을 또 여러 번
목구멍으로 넘겼다

그러고서 그는 스스로 꽃이 되기로 작정했다.

문득

많은 사람 아니다
더더욱 많은 이름 아니다
오직 한 사람,
한 사람의 이름이
나는 오늘 문득
그리운 것이다.

외출에서 돌아와

사람들 많이 만나고
집에 돌아온 밤이면
언제고 한 가지쯤
언짢은 일 있기 마련이다

사알짝, 마음에 긁힌 자국

다른 사람들 내게 준
조그만 표정이며
석연찮은 한두 가지 말들
가시 되어 걸려 있을 때 있다

아니다 내가
다른 사람들에게 그렇게
하지 않았을까
더 언짢아질 때 더러 있다.

사랑

그가 섭섭하게 대해줄 때
내게 잘해준 일만 생각합니다
그가 미운 마음 가질 때
나를 위해 기도해준 일 생각합니다
그가 크게 실망하고 슬퍼할 때
작은 일에도 기뻐하던 때 되새깁니다
그가 늙고 병들어 보잘것없어질 때
젊어 예쁘던 때를 기억하겠습니다.

어머니 말씀의 본을 받아

어려서 어머니 곧잘 말씀하셨다
애야, 작은 일이 큰일이다
작은 일을 잘하지 못하면 큰일도 잘하지 못한단다
작은 일을 잘하도록 하려무나

어려서 어머니 또 말씀하셨다
애야, 네 둘레에 있는 것들을 아끼고 사랑해라
작은 것들 버려진 것들 오래된 것들을
부디 함부로 여기지 말아라

어려서 그 말씀의 뜻을 알지 못했다
자라면서도 끝내 그 말씀을 기억하지 않았다
보다 넓은 세상으로 나아가 얼른
더 많은 사람들과 어울려 살고 싶었다

그러나 나는 하루 한 날도

평화로운 날이 없었고 행복한 날이 없었다
날마다 날마다가 다툼의 날이었고
날마다 날마다가 고통과 슬픔의 연속이었다

이제 겨우 나이 들어 알게 되었다
어머니 말씀 속에 행복이 있고
더 할 수 없이 고요한 평안이 있었는데
너무나 오랫동안 그것을 잊고 살았다는 것을

그리하여 나 젊은 사람들에게 말하곤 한다
작은 일이 큰일이니 작은 일을 함부로 하지 말아라
네 주변에 있는 것들이며 사람들을 소중히 여겨라
어머니 말씀의 본을 받아 타일러 말하곤 한다

지금껏 우리는 인생을 어떻게 살아야 할 것인가 보다는

무엇을 위해 살아야 하는가에 목을 매고 살았다
기를 쓰고 무엇인가를 이루려고만 애썼다
명사형 대명사형으로만 살려고 했다

보다 많이 형용사와 동사형으로 살았어야 했다
남의 것을 부러워하기보다는 내 것을 더 많이
사랑하고 아끼고 소중히 여기며 살았어야 했다
내가 얼마나 귀한 사람인가를 처음부터 알았어야 했다

당신의 행복은 어디에 있는가?
애당초 그것은 당신 안에 있었고
당신의 집에 있었고 당신의 가족, 당신의 직장 속에 있었다
이제부터 당신은 그것을 찾기만 하면 되는 일이다.

마음의 주인

눈에 보이지도 않는 조그만 마음 하나
제대로 데리고 다니지 못해 이 고생입니다

날마다 찔름찔름 넘쳐나는 이 마음 하나
어디라 부릴 곳 없이 이러이 서성입니다

날마다 날마다는 아니지만 가끔씩
나의 마음을 받아주세요 다스려주세요

갈기 센 마음의 고삐를 잡아
주인이 되어주세요.

오늘은 우선 이렇게 사랑을 잃었다 하자

고개 숙이니 발밑에 시든 구절초
어느새 빠른 물살로 흘러가고 만 가을

눈감고 산 며칠 사이 세상은 저만치
낯선 눈빛으로 건너다보는데

잘못 살았구나 참말로 잘못 살았구나
바람은 또 나의 목을 스쳐 가는데

나는 무슨 까닭으로 또 어린아이처럼 투정하며
땅바닥에 주저앉아 두 발 뻗고 울고만 싶은 거냐?

무슨 소망으로 또 나는 다가오는 시린
겨울 강물을 무사히 건널 것이냐?

탁탁, 소리 내어 잎눈 틔운 적 없는 나무의 밑동

오늘은 우선 이렇게 사랑을 잃었다 하자.

자기를 함부로 주지 말아라

자기를 함부로 주지 말아라
아무것에게나 함부로 맡기지 말아라
술한테 주고 잡담한테 주고 놀이한테
너무 많은 자기를 주지 않았나 돌아다 보아라

가장 나쁜 것은 슬픔한테 절망한테
자기를 맡기는 일이고
더욱 좋지 않은 것은 남을 미워하는 마음에
자기를 던져버리는 일이다
그야말로 그것은 끝장이다

그런 마음들을 거두어들여
기쁨에게 주고 아름다움에게 주고
무엇보다도 사랑하는 마음에게 주라
대번에 세상이 달라질 것이다
세상은 젊어지다 못해 어려질 것이고

싱싱해질 것이고 반짝이기 시작할 것이다

자기를 함부로 아무것에나 주지 말아라
부디 무가치하고 무익한 것들에게
자기를 맡기지 말아라
그것은 눈감은 일이고 악덕이며
인생한테 죄짓는 일이다

가장 아깝고 소중한 것은 자기 자신이다
그러므로 보다 많은 시간을 자기 자신한테
주는 데 주저하지 말아야 할 일이다
그것이 날마다 가장 중요한
삶의 명제요 실천 강령이다.

들길을 걸으며

1
세상에 와 그대를 만난 건
내게 얼마나 행운이었나
그대 생각 내게 머물므로
나의 세상은 빛나는 세상이 됩니다
많고 많은 사람 중에 그대 한 사람
그대 생각 내게 머물므로
나의 세상은 따뜻한 세상이 됩니다

2
어제도 들길을 걸으며
당신을 생각했습니다
오늘도 들길을 걸으며
당신을 생각했습니다
어제 내 발에 밟힌 풀잎이
오늘 새롭게 일어나

바람에 떨고 있는 걸
나는 봅니다
나도 당신 발에 밟히면서
새로워지는 풀잎이면 합니다
당신 앞에 여리게 떠는
풀잎이면 합니다.

어여쁜 짐승

정말로 좋은 사랑이란 사랑하는 사람을
행복하게 해주는 것이란 말이 있다
또 사랑하는 사람을 편안하게 해주는 것이란 말도
있다
그러나 젊은 시절엔 그런 말들을 듣고서도
미처 그 말의 뜻을 깨치지 못했다
처음부터 귀를 막았는지도 모른다
정말로 사랑이란 것이 사랑하는 사람을 편안하게 해
주고
행복하게 해주는 것이란 것을 알았을 때는
너무나 많이 나이를 먹고 난 뒤의 일이기 십상이다
그것은 행복이 자기한테 떠나갔을 때 비로소
자기가 행복했다는 걸 뒤늦게 깨닫는 어리석음과 같다
그러나 지금이라도 그것을 알았다면 얼마나 다행스러운 일인가!
네 옆에 잠시 이렇게 숨을 쉬는 순한 짐승으로 나는

오늘

   충분히 행복해지고 편안해지기로 한다

   너도 내 옆에서 가만가만 숨을 쉬는 어여쁜 짐승으로

   한동안 행복해지고 편안해졌으면 좋겠다.

튼튼한 믿음

서투른 봄 어느새 기울고
햇볕살 두터워지자
수돌이 아버지 더는 방 안에서
틀어박혀 있을 수만은 없었던지
들로 나간다
쇠스랑 걸머지고 호미를 메고
비척비척 작년 한 해 동안
풍을 맞아 죽네 사네 그러더니만
약값으로 야금야금 떼어서 팔아먹고
남은 땅
개울가 쪼가리 땅일망정 놀릴 수 없어
씨앗 바구니 들고 어기적어기적
들로 나간다
우리 동네 제일로 착하고 거짓 없는 사나이
하늘하고 한 약속 지키기 위해
하늘 아래 땅 위에 가장

튼튼한 믿음 심으러 간다.

하나의 신비

할 수만 있다면 받들겠습니다
그를 높이고 낮아질 수 있는 데까지
낮아지겠습니다
언제나 좋은 것으로 드리고
나쁜 것은 이쪽으로 돌리겠습니다
공손히 대하고
참을 수 있을 데까지 참겠습니다
마음속 가장 향기로운 자리에
그를 두겠습니다
순결한 마음을 갖도록 애쓰겠습니다
아, 붉은 꽃이 더욱 붉게 보이고
하얀 꽃이 더욱 하얗게 보이기 시작합니다
하나의 신비입니다
왜 진작 그걸 몰랐을까요?

눈먼 사람을 위하여

바람이 있었던 거야
무엇보다 먼저 부드럽고
향기로운 바람이 있었던 거야
바람 앞에 아양 떨며
한 겹씩 옷을 벗는
강물을 좀 보아
강물 뒤에서 동정童貞의 속치마
슬쩍슬쩍 걷어 올리는
신록의 수풀을 좀 보아

무언가 보이지 않니?
정말 무언가 보이지 않니?

철부지 오월

바람 부는 머언 산
까치박달나무
연둣빛 치마를 입고

쟤들이 왜들 저러나?
바람의 허튼수작에도
깝죽깝죽 치마폭
겁도 없이 들어올린다

햇빛 밝은 가차운 산
은사시나무
연둣빛 날개를 달고

쟤들이 왜들 저러나?
잎새마다 부드러운 지느러미
하늘바다 헤엄쳐 가고 싶은 물고기

물고기 되어 파들거린다.

장마철에 개인 날

장마철에 모처럼 개인 날
지네발 달린 햇빛이 꼬여서
눈썹 그리고 마당 한 바퀴
입술 그리고 마당 또 한 바퀴
돌고 돌았다는 그대여

쪽빛 하늘에 떠가는 흰 구름배
석류꽃 목덜미 스쳐 오고 분홍빛
부챗살 활짝 펼쳐 든 자귀나무꽃
스쳐 온 바람을 그대에게
실어 보내노니

이런 날은 산속에 숨어 있는
밤송이의 가시조차 약차오르지 않겠느냐고
우리의 마음속에도 새빨간
홍옥紅玉이라도 하나쯤

간직하며 살아갈 일이 아니겠는가.

다짐 두는 말

언제고 오늘처럼 살 수는 없는 일
언젠가는 헤어질 날도 생각해두어야 할 일
헤어진 뒤 아픔이나 슬픔도
이겨낼 수 있어야만 한다
그날에도 네가 마음의 빛이 되고
길이 된다면 얼마나 좋을까?
스스로에게 물어본다.

한 소망

어디서 많이 들어본 말을 빌려
소망한다
저가 나에게 필요한
사람이기보다는
내가 저에게 필요한
사람이게 하소서
이 세상 끝날까지
기린과 너구리와 뱁새와
생쥐와 함께.

네 앞에서 1

이상한 일이다
네 앞에서는 이야기가
엉뚱한 방향으로 나간다
기분 좋은 이야기를 하려고 했는데
기분 나쁜 이야기가 되고
사과하는 이야기를 하고 싶었는데
화를 내는 이야기가 되고 만다
공연히 허둥대고 서둔다
내 마음을 속이고 포장하고
엉뚱한 표정으로 짓고 엉뚱한 말을 한다
내가 하려던 말은 무엇이었을까?
정말로 내가 하고 싶었던 이야기를 네가
알아들을 수 있었다면 얼마나 좋을까?
이것은 참 어림도 없는 욕심이고 바람이다.

길 1

쓸쓸해져서야
보이는 풍경이 있다
버림받은 마음일 때에만
들리는 소리가 있다

새빨간 꽃 한 송이 피워
받들어 모시고
누구를 기다리는지
어여쁜 무덤이 하나

허리 아픈 사람처럼
꾸뭇거리다가
빗방울 두엇
새소리 몇 소절 함께
서둘러 마음속으로 숨어버리는
길이 있었다.

그것은 흔한 일이다

아침 출근길
골목의 아스팔트 위에서
죽어 있는 개구리 한 마리를 만난다
차바퀴에 깔려 납작하게 죽어 있는
하나의 생명체
몇 시간 전까지만 해도 콩당콩당
풀밭을 뛰어다녔을 목숨
아무도 눈여겨보지 않고
바쁘게 지나쳐 간다

그것은 흔한 일이다

가끔은 행길가 아스팔트 위에서
죽어 있는 다람쥐나 족제비
더러는 고양이나 강아지 사체를
만날 때도 있다

아무도 두려워하지 않고
차바퀴로 타고 넘는 쓰레기
저것이 바로 당신이었다면?

그것도 흔한 일이다.

꽃 3

예뻐서가 아니다
잘나서가 아니다
많은 것을 가져서도 아니다
다만 너이기 때문에
네가 너이기 때문에
보고 싶은 것이고 사랑스런 것이고 안쓰러운 것이고
끝내 가슴에 못이 되어 박히는 것이다
이유는 없다
있다면 오직 한 가지
네가 너라는 사실!
네가 너이기 때문에
 소중한 것이고 아름다운 것이고 사랑스런 것이고 가득한 것이다
 꽃이여, 오래 그렇게 있거라.

껍질

멀리서 웃고 있는 흰 구름을 버린다
그냥 버린다
멀리서 챙이 넓은
여름 모자를 쓰고 오는 여자도
버린다
아주아주 버린다
담 밑에 피어 있는
일년초 풀꽃도 버린다
잔인하게 버린다
귀 기울여 듣던
물소리 새소리
풀벌레 울음소리도
버린다
아낌없이 버린다
그리하여 나도 버린다
껍질만 남고자 한다

껍질만 남은
흰 구름
껍질만 남은
여름 모자를 쓴 여자
껍질만 남은 풀꽃
껍질만 남은
새소리 물소리
풀벌레 소리
그리고 나.

대화

지금 뭐 하시는 겁니까?
보시다시피
농약 하는 겁니다
아니 볏가리에다 왜
농약을 합니까?
올해 하도 날이 궂어
베어논 벼에서조차 싹이 나서
하는 수 없이 싹 나지 말라고
풀 안 나는 약을 하는 겁니다
그러면 그 벼에서 나온 쌀을
사람들이 먹을 텐데
괜찮겠습니까?
괜찮을 리가 없지요
그렇지만 내가
먹지 않을 테니까요…….

식탁

아내는 아침 식탁에까지 오른 먼지개미를
손가락 끝으로 이까려 죽이고 있다
일렬로 걸어가는 개미를 일렬로 죽이고 있다
애들 보고 우리 집 개미 얘기했더니 애들은
우리 집이 곤충의 왕국이래
중3짜리 딸아이가 무심히 쫑알거린다
나는 절대로 개미는 안 죽여
개미가 얼마나 불쌍하다구
개미는 걸어가면서 자기 몸에서 페로몬이라고 하는
물질을 내어 그걸 바르면서 가는데
그게 휘발성이 강해서 쉽게 증발이 된대
그래서 개미들은 일렬로 다니기를 좋아하지만
자칫 대열에서 떨어져 나오곤 한대
개미들이 얼마나 불쌍해
고3짜리 아들 녀석이 장황하고 현학적인 설명을 늘어
놓는다

그러나 아내는 여전히 개미를 죽이고 있다
아내의 손가락 끝에서 순식간에 쓰레기가 되는
먼지개미들의 목숨
나는 가족들 몰래 한 마리 개미가 된다

창밖의 단풍나무가 오늘따라 핏빛이다.

경배의 시간

일요일 오전
열한 시에서 열두 시 사이
그 한 시간은
아내와 딸아이가
교회 나가는 시간
이미 오래전에 교회 다니는 걸
나는 작파했지만
일요일 오전
열한 시에서 열두 시 사이
그 한 시간은 나도
경배하러 떠난다
성경책 찬송가는
들지 않았지만
운동화를 신고 모자를 챙겨서 쓰고
개울길을 따라
오솔길을 따라

찌찌찌 풀벌레 소리 옆에도 서 보고

이른 봄 알에서 깨어 살이

포동포동 오른 새내기

어린 물고기들 옆에도 서 보고

그렇지, 무엇보다도

시들어가는 가을풀들과 나무들

올여름같이 그 모진 가뭄과 더위 속에서도

어쩌면 저토록 씨앗과

열매를 쥐었던 손아귀 풀지 않고

이토록 깜냥껏 푸진 가을을 맞이할 수 있었는지

일요일 오전

열한 시에서 열두 시 사이

그 한 시간은

나도 경배하러 가는 시간

풀벌레와 물고기들에게

무엇보다도 씨앗과 열매를 남기고 죽어가는

나무들에게 풀들에게.

눈사람

밤을 새워 누군가 기다리셨군요
기다리다가 기다리다가 그만
새하얀 사람이 되고 말았군요
안쓰러운 마음으로 장갑을 벗고
손을 내밀었을 때
당신에겐 손도 없고
팔도 없었습니다.

유언시 – 아들에게 딸에게

아들아 딸아, 지구라는 별에서 너희들
애비로 만난 행운을 감사한다
애비의 삶 깊고 가느른 강물이었다
약관의 나이, 문학에의 꿈을 품고 교직에 들어와
43년 넘게 밥을 벌어 먹고살았으며
시인교장이란 말을 들을 때가 가장 좋은 시절이었지 싶다

그 무엇보다도 한 사람 시인으로 기억되기를 희망한다
우렁차고 커다란 소리를 내는 악기보다는 조그맣고 고운
소리를 내는 악기이고 싶었다
아들아, 이후에도 애비의 이름을 기억하는 사람을 만나거든
함부로 대하지 않기를 부탁한다
딸아, 네가 나서서 애비의 글이나 인생을 말하지 않기

를 바란다

나의 작품은 내가 숨이 있을 때도 나의 소유가 아니고
내가 지상에서 사라진 뒤에도 나의 것이 아니다
저희들끼리 어울려 잘 살아가도록 내버려두거라
민들레 홀씨가 되어 날아가든 느티나무가 되든 종소리가 되어
사라지고 말든 내버려두거라

인생은 귀한 것이고 참으로 아름다운 것이란 걸
너희들도 이미 알고 있을 터,
하루하루를 이 세상 첫날처럼 맞이하고
이 세상 마지막 날처럼 정리하면서 살 일이다
부디 너희들도 아름다운 지구에서의 날들
잘 지내다 돌아가기를 바란다
이담에 다시 만날지는 나도 잘 모르겠구나.

| 작품 해설 |

너에게 기울어지다 나는 꽃이 되었네

정실비(문학평론가)

1. 쉼 없이 뻗어 나가는 서정의 가지

어떤 숫자들은 나를 경건하게 만든다. 나태주 시인의 이력履歷과 시력詩歷에 새겨진 숫자들이 그렇다. 나태주는 1945년에 태어나 1971년에 시인이 되었다. 43년 동안 교단에 섰고, 50년 동안 시를 써오고 있으며, 40권이 넘는 시집을 펴냈다. 이 숫자들이 쌓이는 동안 시인의 손은 수없이 시를 쓰고 지우고 다시 썼을 것이다. 기억해야 할 것은, 그의 손이 사랑에 관해 쓰는 일을 멈추지 않았다는 사실이다.

나태주의 등단작 「대숲 아래서」(1971)를 잠시 읽어보자. 그는 이 시에서 '댓잎에 별빛 어리듯/그슬린 등피에는 네 얼굴이 어리고'라고 썼다. 사랑이라는 감정에서 파생되는 그리움과 슬픔을 시시각각 변화하는 자연의 풍경에 빗대어 노래한 것이 나태주 시의 출발이었다. 1970년대에 사랑을 노래한다는 것은 어떤 의미였을까. 1970년대에는 급격한 산업화에 따른 빈부격차의 문제가 사회적 이슈로 부상했고, 문단에서는 계급투쟁을 노래하는 민중시가 주목받았다. 이런 시기에 나태주는 서정시인으로서 활동을 시작했던 것이다. 1980년대에 접어들면서 민중시는 한층 더 강한 기세로 시의 흐름을 주도했고, 그러한 흐름 속에서 서정시는 사회적인 문제를 외면하는 시라고 폄하되기도 했다. 그러나 나태주는 계속 묵묵히 그의 시를 쓰며 그 시기를 지나왔다. 시인의 신작 시 「가을날」과 「시 2」를 읽어보면 그가 어떤 마음으로 시를 써왔는지 조금은 짐작할 수 있다. 시인은 "연애편지 쓰는 마음으로/시를 쓰면서 견디"어 왔다고 말한다. 그 연애편지가 중단되지 않고 오히려 "많은 사람을 위해서 쓰는" 연애편지로 진화할 수 있었던 것은, 그가 굳건히도 서정시의 힘을 믿었기 때문이리라.

후일 나태주는 서정시가 사회적으로 힘이 없다는 인식에 반대하며 '민중'의 범주를 다시 생각해볼 것을 제안하기도 했다(에세이 「민중시에 대하여」). 그는 '민중'을 '행복을 바라고 마음의 평안을 꿈꾸는 일반 대중'으로 다시 정의한다. 그렇다면 시는 일반 대중과 어떤 관계를 맺는가. 나태주는 시가 민중을 위해서 울어주고 위로해주고 축복해주는 역할을 할 수 있다고 말한다. 그는 "우렁차고 커다란 소리를 내는 악기보다는 조그맣고 고운 소리를 내는 악기"(「유언시」)가 되기를 자처하며, 조그맣고 고운 소리로 일반 대중에게 위로를 건넨다. 나태주는 자신이 무슨 소리를 가장 잘 내는지 정확히 알고 있는 노련한 악기다. 그래서 다음 시는 사랑하는 사람과의 약속처럼 들리기도 하고, 그의 창작방법론처럼 들리기도 한다.

> 덩치 큰 이야기, 무거운 이야기는 하지 않기로 해요
> 조그만 이야기, 가벼운 이야기만 하기로 해요
> 아침에 일어나 낯선 새 한 마리가 날아가는 것을 보았다든지

길을 가다 담장 너머 아이들 떠들며 노는 소리가 들려 잠시 발을 멈췄다든지

매미 소리가 하늘 속으로 강물을 만들며 흘러가는 것을 문득 느꼈다든지

그런 이야기들만 하기로 해요

남의 이야기, 세상 이야기는 하지 않기로 해요

우리들의 이야기, 서로의 이야기만 하기로 해요

지나간 밤 쉽게 잠이 오지 않아 애를 먹었다든지

하루 종일 보고픈 마음이 떠나지 않아 가슴이 뻐근했다든지

모처럼 개인 밤하늘 사이로 별 하나 찾아내어 숨겨놓은 소원을 빌었다든지

그런 이야기들만 하기로 해요

실은 우리들 이야기만 하기에도 시간이 많지 않은 걸 우리는 잘 알아요

그래요, 우리 멀리 떨어져 살면서도

오래 헤어져 살면서도 스스로

행복해지기로 해요

그게 오늘의 약속이에요.

— 「오늘의 약속」 전문

첫 번째 연과 두 번째 연을 읽었을 때 시적 화자는 천진난만하게 조그맣고 가벼운 이야기만 하자고 속삭이는 것 같다. 그러나 세 번째 연에서 이 시는 반전한다. 우리가 우리의 이야기에 집중해야 하는 이유가 등장하기 때문이다. 시적 화자는 시간이 많지 않기 때문에, 우리는 '오늘' 우리의 이야기에 집중해야 한다고 말한다. 나태주의 시는 천진난만한 낙관주의에서 나오는 것이 아니다. 나태주의 시는 헤어질 시간을 알면서도 현재를 충실하게 살아가려는 태도에서 나온다. 이 시집에서 외로움과 헤어짐과 질병과 죽음에 관한 이야기를 찾아보기 어렵지 않은 것은 그 때문이다.

그중에서도 「살아줘서 고맙습니다」, 「잠들기 전 기도」, 「누워서 생각했을 때」와 같은 시는 질병과 힘겹게 싸우며 소중한 '오늘'을 잃어버릴지도 모른다는 두려움에 휩

싸였던 사람만이 쓸 수 있는 시다. 열두 해 전 시인은 췌장에 문제가 생겨 긴 투병 생활을 했다. 나는 그가 병원에서 쓴 글과 인터뷰를 읽으며 고통스러운 투병 생활과 기적 같은 회복과정을 알게 되었다. 아마 내가 쓰는 어떠한 문장도 그가 실제로 경험한 고통의 깊이와 회복의 환희를 제대로 해설할 수 없을 것이다. 다만 내가 말할 수 있는 것은 나태주 시에서 자주 사용되는 '인생', '감사', '기쁨' 같은 시어들이 추상적으로 읽혀서는 안 된다는 것뿐이다. 그 시어들은 죽음과 좌절과 슬픔 곁에서 탄생했고, 실감할 수 있는 무게를 가지고 있다. 시인은 차갑고 어두운 '끝'이 자명하게 저기 어딘가에 있는 것을 강하게 의식하면서 시를 쓴다. 그렇기에 그가 들려주는 작고 가벼운 이야기는 결코 작고 가볍지만은 않다.

시인은 "얘야, 작은 일이 큰일이다/얘야, 네 둘레에 있는 것들은 아끼고 사랑해라/작은 것들 버려진 것들 오래된 것들을/부디 함부로 여기지 말아라"(「어머니 말씀의 본을 받아」)라는 어머니 말씀을 삶의 실천강령이자 시의 창작강령으로 삼은 듯이, 작은 일의 위대함을 말하고 버려진 것들을 시로 길어 올린다. 작고 버려지고 오래된 것들을 포착하는 일에 단련된 시인의 눈은 발밑의 가여운 앉은 뱅이꽃(「앉은뱅이꽃」)과 "우리 동네 제일로 착하고 거짓 없는 사나이"인 "수돌이 아버지의 튼튼한" 마음(「튼튼한 믿음」)을 알아볼 수 있다.

시인이 쓴 '시에 대한 시'들을 좀 더 읽어보자. 나태주 특유의 작고 고운 시가 창작되는 과정을 살며시 엿볼 수 있다. 나태주는 시를 고립된 예술가의 신비로운 창작과정 속에 놓아두지 않는다. 그에게 시는 "버려진 채 빛나는/마음의 보석들"을 "그냥 줍는 것이다"(「시」). 그는 "자전거 타고 가다가 멈춰서/천천히 길을 걸으며/버스 타고 가거나 기차 타고 가면서" 시를 쓰는 시인의 모습을 제시한다(「움직이며 시 쓰기」). 그렇게 창작된 시는 "훨씬 세상과 가까워"지고, "사람들하고도 친해"진다. 시인은 자신을 "세상 사람들/힘들고 고달픈 마음/쓰다듬어주는/감정의 서비스 맨"(「시인」)이라고 부르기를 주저하지 않는다. 나태주의 시는 전통적인 순수서정시의 계보에 놓여 있지만, 그 계보 속에 엄숙하게 앉아 있는 것이 아니라 여전히 살아 움직이며 매일 새로운 독자와 만나고 있다.

2. 너에게로 기울어지는 줄기

 나태주의 서정시는 힘이 세다. 그의 시가 기꺼이 읽는 이를 위로하고자 하기 때문이다. 시인은 순하고 고운 말들로 '너'에게 말을 걸며 마음의 무장을 해제시킨다. 나태주의 시는 '나'에게로 함몰되지 않고 '너'에게로 한껏 기울어진다. 그의 시 「묘비명」을 인용해본다.

 많이 보고 싶겠지만
 조금만 참자.

 ―「묘비명」 전문

 열세 글자가 단정히 박혀 있는 이 짧은 묘비명 앞에 나는 오래 앉아 있었다. 묘비명에는 통상적으로 죽은 자의 삶이 기록된다. 그러나 이 시의 '나'는 '나'의 삶을 기록하는 데에는 관심이 없다. 그저 '나'의 죽음으로 인해 힘들어할 '너'를 달래는 일에 몰두한다. 그 따뜻한 마음이 슬프고 고마워서 나는 이 시를 금방 떠날 수 없었다.

나태주의 시 세계는 이렇게 '너'에게 건네는 말들로 가득하다. 시인은 자라나는 아이에게 '밥 잘 먹고 잠 잘 자고 더 건강 씩씩해야만 된다'라고 말을 건네고(「아이와 작별」), 자신을 찾아온 가족들에게는 '애썼다'라고 말을 건넨다(「추석 2」). 구어체의 단순한 안부 인사들이 시인의 시 속으로 들어와 특별한 힘을 획득한 뒤 다시 독자의 마음으로 들어가 선명하게 각인된다. 이렇게 '너'에게 말을 건네는 시인의 시 중에서 가장 독자들에게 깊이 각인된 시가 「풀꽃 1」일 것이다.

> 자세히 보아야
> 예쁘다
>
> 오래 보아야
> 사랑스럽다
>
> 너도 그렇다.
>
> —「풀꽃 1」 전문

시의 힘 따위는 믿지 않는 사람도 이런 시에 마음이 움직이지 않기란 힘든 일이다. 이 시를 읽는 짧은 시간 동안, 읽는 이는 우선 '너'로 호명되는 듯한 느낌에 사로잡힌다. 언뜻 보기엔 보잘것없는 '나'지만, 시인은 허리를 수그리고 한참 동안 들여다본 뒤 예쁘다고 사랑스럽다고 어루만져준다. 우리는 가만히 '너'가 되어 시인의 위로에 마음을 맡길 수도 있고, 위로의 주체가 되어 가만히 보듬어주고 싶은 각자의 '너'를 떠올릴 수도 있다.

이 시는 2012년 광화문 교보문고 글판에 걸려 많은 이들의 사랑을 받았다. 그래서인지 나는 이 시를 읽으면 각자의 삶의 무게를 짊어지고 광화문 글판 앞을 오갔을 사람들의 어깨가 떠오른다. 아무렇지 않은 표정으로 지나가다가 글판 앞에서 불현듯 가벼워지고 따뜻해졌을 마음들이 떠오른다. 나도 그 앞을 지나가던 사람 중 하나였다. 2012년, 나는 마침 서른이었고, 서울 북쪽의 어느 대학에 시간강사로 강의를 나가기 시작했고, 평론이란 걸 쓰기 시작했고, 배 속에서는 어린 생명이 자라고 있었다. 많은 것이 시작되었지만 모든 것에 서툴러, 채 익지 못했는데 가을이 와버려 땅으로 떨어지고 있는 열매 같은 기분에 사로잡히는 날이 많았다. 그러니 미숙한 채로도 괜찮다고 말해주는 이 시를 마음에 꼭 쥐고 다닐 수밖에 없었다.

나는 지금 이 시가 지닌 위로의 힘에 대해 말하기 위해 많은 말을 했으나, 이 시가 즉각적인 위로의 힘만 지니고 있는 것은 아니다. 이 시는 좀 더 오래도록 곱씹어보아야 한다. 이 시가 불완전한 존재인 인간이 다른 불완전한 존재를 사랑하는 데에 필요한 자세를 알려주고 있기 때문이다. 완전무결한 신은 인간에 대한 완전한 사랑을 이렇게 들려준다. "나의 사랑, 너는 어여쁘고 아무 흠이 없구나."(아가서 4장 7절) 그러나 시인은 신처럼 말하지 않는다. 아무 흠이 없는 사람은 없고, 우리는 서로를 자세히 오랫동안 바라보는 시간을 통과해야만 비로소 서로를 사랑할 수 있다.

나태주는 이 길고 지난한 시간을 아까워하지 않는다. 그리하여 우리가 이 시집에서 만날 수 있는 것은 '나'와 '너'가 하나가 되는 순간의 황홀함을 노래하는 시가 아니라 너에게 마음을 기울이는 시간의 기쁨을 노래하는 시들이다. 그는 '너'의 절대성을 노래하면서 '나'를 사라지게 하지 않는다. 그의 시에서 '나'는 '너'를 사랑하는 동안 좀 더 나은 사람이 되어간다. 바라보고 생각하고 그리워하는 마음이 "너의 이름 부를수록/조금씩 착한 사람이 될 것만 같아서"(「너의 이름」) '나'는 '너'의 이름을 부르고 또 부른다. '너'가 함께 있어준다면 시시때때로 고행처럼 느껴지는 '나'의 생도 견디어볼 만한 여행이 될 수 있을지도 모른다. 그래서 시인은 "인생은 여행이다"라고 확정형으로 말하지 않고 "너와 함께라면 인생도 여행이다"라고 가정형으로 말한다.

시인이 '나'와 '너' 중 어느 한쪽도 소멸시키지 않으므로, '우리'의 사랑은 완성을 향해가지 않고 생성을 지속한다. 시인은 '나'와 '너' 각각의 의미를 소중하게 다룸으로써 이 생성의 과정이 지속되도록 한다.

> 어딘가 내가 모르는 곳에
> 보이지 않는 꽃처럼 웃고 있는
> 너 한 사람으로 하여 세상은
> 다시 한번 눈부신 아침이 되고

어딘가 네가 모르는 곳에
보이지 않는 풀잎처럼 숨 쉬고 있는
나 한 사람으로 하여 세상은
다시 한번 고요한 저녁이 온다

가을이다, 부디 아프지 마라.

―「멀리서 빈다」 전문

  시인은 너로 인해 아침이 오고, 나로 인해 저녁이 온다고 말한다. 범박하게 요약하면 '우리는 서로 멀리 떨어져 있어도 각각 존재 그 자체로 의미가 있다'라는 이야기를 시인은 고운 말과 따뜻한 눈길로 여과하여 이렇게 시로 만들어냈다. 나태주의 시에서는 모든 것이 의미를 지니고 있어서 심지어 '죽음'마저도 무의미하지 않다. 그에게 죽음은 무언가를 남기고 가는 일이다. "씨앗과 열매를 남기고 죽어가는 나무들에게 풀들에게" 경배를 올리는 시인의 모습을 보라. (「경배의 시간」) 시인의 세계에서 의미 없는 존재란 없고 의미 없는 행위도 없다. 이 의미로 충

만한 세계에 염세주의는 좀처럼 발을 디딜 수가 없다.

3. 나에게로 깊어지는 뿌리

나태주의 시에서 사랑의 주체들은 사랑의 대상을 향해 아낌없이 기울어지지만, 그 대상을 껴안아버리지는 않는다. 꽃과 꽃 사이에 거리가 있듯이, 나무와 나무 사이에 거리가 있듯이, 나태주 시의 '나'와 '너' 사이에는 언제나 거리가 있다. "말하지 않아도 네가/내 마음 알아줄 때까지//내 마음이 저 나무/저 흰 구름에 스밀 때까지//나는 아무래도 이렇게/서 있을 수밖엔 없다"(「말하고 보면 벌써」)라고 말하는 시적 화자의 태도를 눈여겨보자. 그는 서둘러 달려가거나 섣불리 말을 쏟아내지 않고, 다만 서 있다. 나는 나태주의 시 세계에서 신중하게 유지되는 이 거리를 '윤리적인 거리'라고 부르고 싶다. 다음과 같은 시가 있기 때문이다.

저기 꽃이 있구나

예쁜 꽃이 있구나

그렇게 바라보면서

나도 꽃이 되고

예쁜 사람이

되기만 하면 된다

(……)

그것들을 굳이

내 품 안으로

끌어들일 일은 없다

― 「주유천하」 중에서

 이 시에서 '나'는 꽃을 함부로 소유하지 않고 그냥 꽃이 된다. 우리는 이 시집에서 이렇게 꽃이 되거나 몸에서 꽃을 피워내는 사람들을 자주 발견할 수 있다. 사람이 꽃이 되어버리는 나태주의 시를 읽다 보면 여린 꽃 아래의 보이지 않는 단단한 뿌리를 상상하게 된다. 식물에는 저마다 뿌리가 있다. 저마다의 뿌리에서 자라나, 싹을 틔우고, 꽃을 피우고, 때로는 열매를 맺는다. 그들은 서로의 향기로 뒤섞일 뿐, 각자의 자리를 벗어나지 않는다. 시인은 식물의 존재 방식에서 사람의 바람직한 존재 방식을 찾아낸다. 사람이 꽃처럼 존재할 수 있다면, 서로의 영역을 침범하지 않은 채로도 서로의 향기를 만끽할 수 있으리라는 희망이 이 시집 곳곳에 놓여 있다. 다음 시는 '나'와 '너' 사이의 윤리적인 거리가 성공적으로 확보되었을 때 각자의 몸에서 꽃이 피는 희열의 순간을 보여준다.

> 당신 앞에서는
> 나도 온몸이 근지러워
> 꽃 피우는 나무
>
> 지금 내 앞에 당신 마주 있고
> 당신과 나 사이 가득
> 음악의 강물이 일렁입니다
>
> ―「꽃 피우는 나무」 중에서

이 시에서 '나'와 '너'는 마주 보고 있다. 그들이 서로를 침범하려 하지 않기 때문에 그들 사이에는 음악의 강물이 일렁일 수 있다. 그들이 서로를 장악하려 하지 않기 때문에 그들은 각자 자신의 꽃을 피울 수 있다.

'나'와 '너' 사이의 윤리적인 거리를 지켜내기 위해 나태주의 시에서는 '보다'라는 동사가 빈번하게 사용된다. 시인은 자주 이런 식으로 말한다. "애기 보듯 너를 본다, 꽃을 보듯 너를 본다."(「한 사람 건너」) 시인은 '너'를 바라보는 일을 즐기지만 좀처럼 '너'를 가지려 하지는 않는다. 소유가 목적이 아니므로 설령 '너'가 멀어진다 해도 '너'의 의미는 빛바래지 않는다. 시의 화자는 담담하게 '나 여기 있다/너도 거기 잘 있어라'라고 안부를 물으며 멀리 있는 너에게 마음을 보낸다(「너에게 보낸다」). 또는 "어딘가 내가 모르는 곳에/보이지 않는 꽃처럼 웃고 있는/너 한 사람"의 기미를 감지하기도 한다. (「멀리서 빈다」)

거리를 감당해내는 사람에게 사랑하는 일과 기도하는 일은 다르지 않다. 시인은 이렇게 '너'에게 묻고 대답한다.

우리는 서로가

꽃이고 기도다

나 없을 때 너
보고 싶었지?
생각 많이 났지?

나 아플 때 너
걱정됐지?
기도하고 싶었지?

그건 나도 그래
우리는 서로가
기도이고 꽃이다.

―「서로가 꽃」 전문

나의 힘만으로 온전히 '너'를 돌보는 일이 불가능하다는 것을 깨달을 때, 우리는 신에게 의탁하고 싶어진다. 나의 무력함을 승인하면서도 너를 아끼는 마음을 멈출 수는 없으니 손이라도 간절히 모아보는 것이다. 시인은 이런 마음을 가진 사람들을 아낀다.

이 시가 유독 다정하게 들리는 이유는 "그건 나도 그래"라는 구절이 시의 전체적인 분위기를 나긋하게 만들어주고 있기 때문일지도 모르겠다. 나태주의 시를 읽는 동안 우리는 '도'라는 보조사로 부드럽고 동등하게 연결되는 경험을 한다. 시인이 "나도 그래"라고 말하거나 "너도 그렇다"라고 말하기 때문에, 우리는 각자의 뿌리로 힘겹게 서 있을 때도 아주 외롭지만은 않다고 생각할 수 있다.

4. 시인의 꽃밭으로

나태주의 시집에 핀 꽃들은 물에 비친 자기의 얼굴에 입을 맞추던 나르키소스가 피워낸 수선화와 사뭇 다르게 생겼다. 시인의 꽃은 자기를 향해 기울어지지 않고 사랑하는 대상을 향해 기울어진다. 그러나 그 꽃은 기울어지되 쓰러져버리지 않으며, 기울어지던 그 힘으로 자기의 뿌리를 더 단단하게 만든다.

이렇게 타자에 대한 사랑과 자기에 대한 사랑의 선순환이 나태주의 시 세계에서 부지런히 일어나고 있다. 시인의 시를 읽는 동안 우리는 '너'에게로 몸을 기울이면서도 '나'의 뿌리를 튼튼하게 길러내는 마음의 운동을 할 수 있다. 우리는 시집을 펼쳤고, 시인의 꽃밭에는 오늘도 문지기가 없다.

너와 함께라면 인생도 여행이다

초판 1쇄 발행 2019년 12월 12일
초판 30쇄 발행 2025년 12월 18일

지은이 나태주
기획실 정진우 정재우 | 편집 김혜원 이예준 이다영
디자인 강희철 | 디지털콘텐츠 구지영
제작 관리 윤준수 고은정 이원희 | 제작처 영신사

펴낸곳 열림원 | 펴낸이 정중모 방선영
출판등록 1980년 5월 19일(제406-2000-000204호)
주소 경기도 파주시 회동길 152
전화 031-955-0700 | 팩스 031-955-0661
홈페이지 www.yolimwon.com | 이메일 editor@yolimwon.com
페이스북 /yolimwon | 트위터 @yolimwon | 인스타그램 @yolimwon

ⓒ 나태주, 2019

ISBN 979-11-7040-009-7 03810

* 저자와 출판사의 서면 허락 없이 내용의 일부를 무단 도용하거나 발췌하는 것을 금합니다.
* 책값은 뒤표지에 있습니다. 잘못된 책은 구입하신 곳에서 교환해드립니다.